빛깔있는 책들 156

법주사

글 | 최현각·김봉렬·소재구 • 사진 | 김종섭

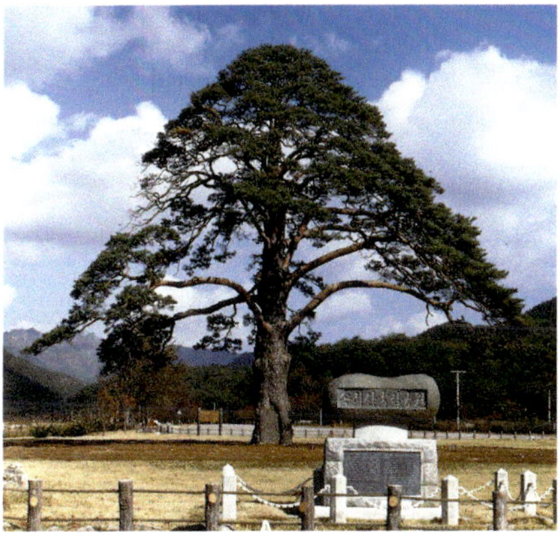

대원사

저자 소개

연혁 – 최현각

동국대학교 불교대학 선학과 교수이며 선학연구소장으로 있다. 동 대학원에서 철학박사 학위를 취득했으며, 불교대학원 교학부장, 정각원 원장을 역임하였다. 『인도의 선, 중국의 선』『선의 길』『종교학 종교심리학』 등의 역서가 있으며, 「선의 실천 철학 연구」「근본 선정관 소고」「선학자료고 I II」「간화선 성립 배경」 등 다수의 논문이 있다.

건축 – 김봉렬

서울대학교 건축학과를 졸업하고 동 대학원에서 박사학위를 취득한 뒤 영국 AA School에서 연수를 마쳤다. 현재 울산대학교 건축학과 부교수로 재직하면서 문화재전문위원, 한국건축역사학회 상임이사로 활동하고 있다. 불교건축에 대한 다수의 논문과 현대건축에 대한 비평문이 있다. 저서로 『한국의 건축–전통건축 편』, 보고서로 『병산서원』 등 다수의 책과 논문이 있다.

유물 – 소재구

국민대학교 국사학과와 한국정신문화연구원 한국학대학원을 졸업하였으며 국립고궁박물관장, 국립해양문화재연구소 소장 등을 역임하였다. 「원각사지 3층 석탑의 연구」「동문선의 불탑 자료」「우리나라의 불탑」「고달원지 승탑편년의 재고」 등 여러 편의 논문이 있다.

사진 촬영 – 김종섭

대원사 사진부 부장

빛깔있는 책들 103-34

법주사

차 례

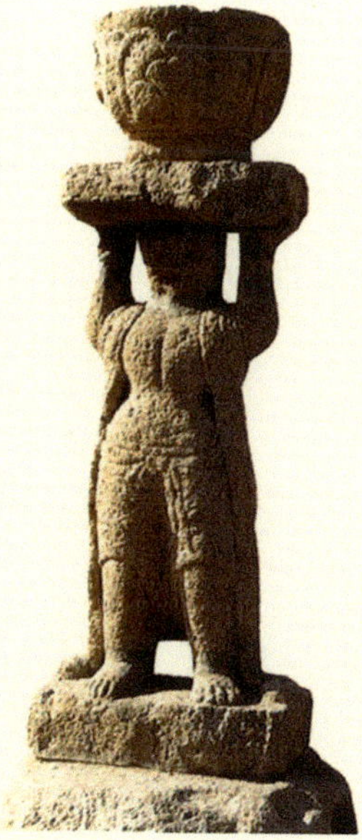

법주사

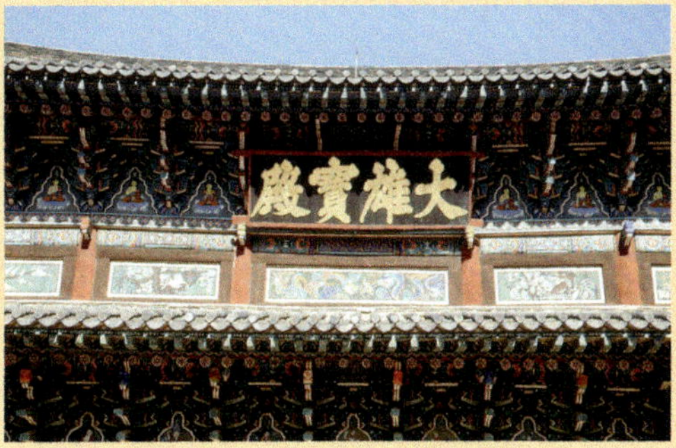

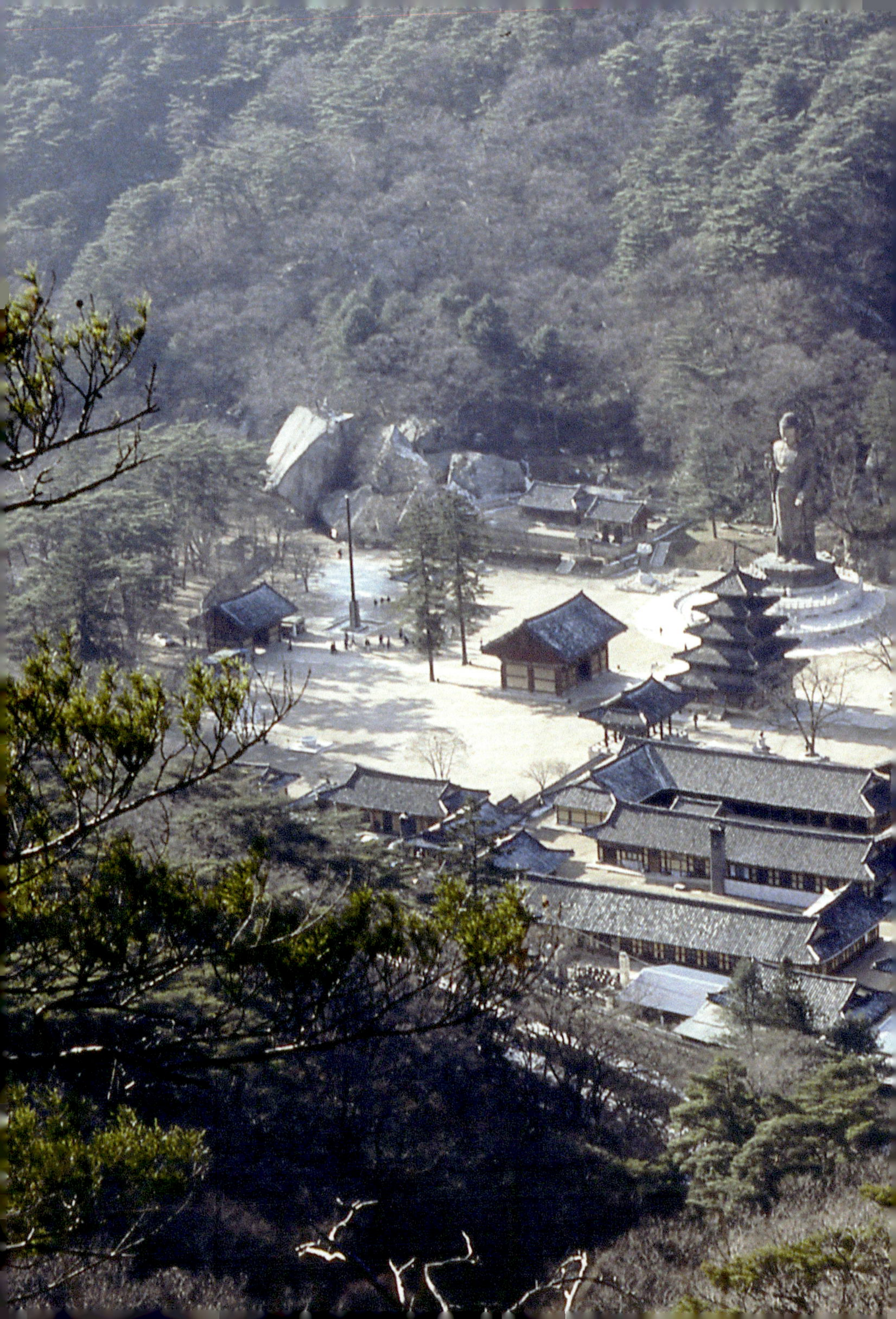

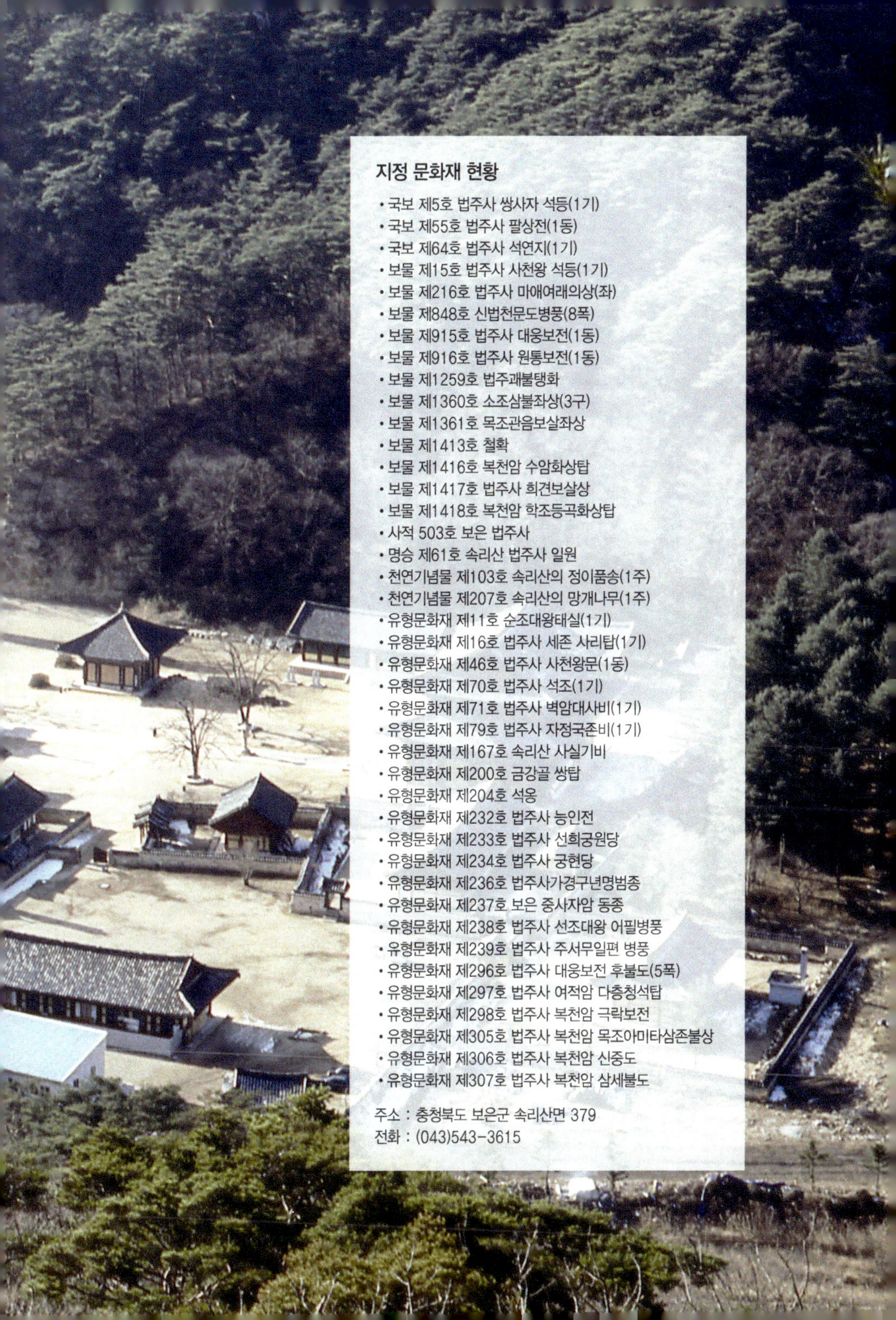

지정 문화재 현황

- 국보 제5호 법주사 쌍사자 석등(1기)
- 국보 제55호 법주사 팔상전(1동)
- 국보 제64호 법주사 석연지(1기)
- 보물 제15호 법주사 사천왕 석등(1기)
- 보물 제216호 법주사 마애여래의상(좌)
- 보물 제848호 신법천문도병풍(8폭)
- 보물 제915호 법주사 대웅보전(1동)
- 보물 제916호 법주사 원통보전(1동)
- 보물 제1259호 법주괘불탱화
- 보물 제1360호 소조삼불좌상(3구)
- 보물 제1361호 목조관음보살좌상
- 보물 제1413호 철확
- 보물 제1416호 복천암 수암화상탑
- 보물 제1417호 법주사 희견보살상
- 보물 제1418호 복천암 학조등곡화상탑
- 사적 503호 보은 법주사
- 명승 제61호 속리산 법주사 일원
- 천연기념물 제103호 속리산의 정이품송(1주)
- 천연기념물 제207호 속리산의 망개나무(1주)
- 유형문화재 제11호 순조대왕태실(1기)
- 유형문화재 제16호 법주사 세존 사리탑(1기)
- 유형문화재 제46호 법주사 사천왕문(1동)
- 유형문화재 제70호 법주사 석조(1기)
- 유형문화재 제71호 법주사 벽암대사비(1기)
- 유형문화재 제79호 법주사 자정국존비(1기)
- 유형문화재 제167호 속리산 사실기비
- 유형문화재 제200호 금강골 쌍탑
- 유형문화재 제204호 석옹
- 유형문화재 제232호 법주사 능인전
- 유형문화재 제233호 법주사 선희궁원당
- 유형문화재 제234호 법주사 궁현당
- 유형문화재 제236호 법주사가경구년명범종
- 유형문화재 제237호 보은 중사자암 동종
- 유형문화재 제238호 법주사 선조대왕 어필병풍
- 유형문화재 제239호 법주사 주서무일편 병풍
- 유형문화재 제296호 법주사 대웅보전 후불도(5폭)
- 유형문화재 제297호 법주사 여적암 다층청석탑
- 유형문화재 제298호 법주사 복천암 극락보전
- 유형문화재 제305호 법주사 복천암 목조아미타삼존불상
- 유형문화재 제306호 법주사 복천암 신중도
- 유형문화재 제307호 법주사 복천암 삼세불도

주소 : 충청북도 보은군 속리산면 379
전화 : (043)543-3615

속리산 이야기

깨어 있거나 잠들어 있거나 인간은 부지불식간에 공기를 마시고 토해 낸다. 그와 마찬가지로 우리가 마음을 두지 않아도 눈앞에 전개되는 풍경은 산, 또 산이다. 기상이 빼어난 산에서부터 나지막한 구릉에 이르기까지 온갖 장중한 산맥이 흐르고 있는 강산이 배달의 땅 화려강산이 아니겠는가.

법주사가 단정히 정좌하고 있는 속리산은 민족의 발원지인 백두산에 그 뿌리를 두고 태백산맥과 소백산맥의 이음새를 힘있게 받아 경상북도와 충청북도를 틀고 앉아 보은군, 괴산군, 상주군을 경계 짓고 있다.

속리산은 옛날부터 광명산(光明山), 지명산(智明山), 구봉산(九峯山), 미지산(彌智山), 형제산(兄弟山), 소금강산(小金剛山), 자하산(紫霞山) 등 8가지 이름으로 불리고 있다. 이 산에는 또 내석문(內石門), 외석문(外石門), 상환석문(上歡石門), 상고석문(上庫石門), 상고외석문(上庫外石門), 비로석문(毘盧石門), 금강석문(金剛石門), 추래석문(墜來石門)이라는 8개의 석문이 있다. 그리고 문장대(文藏臺), 입석대(立山臺), 경업대(慶業臺), 배석대(拜石臺), 학소대(鶴巢臺), 신선대(神山臺), 봉황대(鳳凰臺), 산호대(珊瑚臺)라는 8개의 대도 있다. 그뿐만 아니라 봉(峯)도 8개가 있어서 각각 천황봉(天皇峯), 비로봉(毘盧峯), 묘봉(妙峯), 길상봉(吉祥峯), 문수(文殊峯), 보현봉(普賢峯), 관음봉(觀音峯), 수정봉(水晶峯)으로 불린다.

그렇다면 속리산은 왜 유독 8가지의 산 이름, 석문, 대를 장황하게 열거해 놓았을까?

불교의 근본 교리 가운데에는 4제, 12인연과 함께 8정도(八正道)가 있다. 불교의 실천 수행의 중요한 덕목을 이야기할 때는 이 8정도를 으뜸으로 친다. 그러므로 속리산 내에 8개씩 나누어 놓은 각각의 이름들은 8정도의 덕목을 깊이 새겨서 실천하는 데 게으름을 피워서는 안 된다는 교훈적인 뜻을 담아 명명된 것으로 생각된다.

속리산 일원은 신라시대에는 삼년산군(三年山郡)으로 불리었으며, 경덕왕(景德王)이 삼년군(三年郡)이라 했고, 고려 현종 9년에는 보령(保齡)으로 개칭하여 상주(尙州)에 소속시켰다. 그 후 명종(明宗) 2년에는 감무(監務)를 두었으며, 조선 태종 6년에는 충남 보령현(保齡縣)과 음이 비슷하다 하여 지금의 이름으로 고친 뒤 현감(縣監)을 두었고, 13년에 경상도에서 충청도로 소속을 바꾸었다.

옛날부터 조선팔경(朝鮮八景)으로 꼽히는 속리산은 영봉과 영봉이 응집된 해발 1,075미터의 명산이다. 속리산과 관련해서는 전해 내려오는 유명한 시 한 수가 있다. 고운(孤雲) 최치원(崔致遠) 선생은 헌강왕 12년(886)에 산내 묘덕암(妙德庵)에 와서 산의 경치를 구경한 뒤 이렇게 읊었다.

> 도는 사람을 멀리하지 않는데
> 사람은 도를 멀리하려 하고,
> 산은 세속을 여의지 않는데
> 세속이 산을 여의려 하는구나.
> (道不遠人人遠道, 山非離俗俗離山)

한편 속리산이라는 산 이름을 얻게 된 연유에 대해서는 『삼국유사』

속리산 이야기 권4 '관동풍악발연수석기(關東楓岳鉢淵藪石記)'에 다음과 같이 기록되어 있다.

원래 속리산은 '구봉산(九峯山)'이라고 불리어 왔다. 어느 날 금산사(金山寺) 고승 진표 율사(眞表律師)가 신라 혜공왕(惠公王) 2년(776)에 미륵장륙상(彌勒丈六像)을 주조하여 봉안하고 금산사에서 지금의 속리산으로 가던 도중에 소달구지를 탄 어떤 사람을 만났다. 그런데 그 소들이 진표 율사 앞에 와서 무릎을 꿇고 우는 것이었다. 그러자 그 달구지에 탔던 사람이 내려서 "이 소들이 어째서 스님을 보고 우는 것입니까? 그리고 스님은 어디서 오십니까?" 하고 물었다. 율사는 "나는 금산사의 진표라는 승(僧)인데 내가 일찍이 변산(邊山)의 부사의방(不思議房)에 들어가 미륵과 지장 두 보살 앞에서 친히 계법(戒法)과 진생(眞栍)을 받아 절을 짓고 오래 수도할 곳을 찾아서 오는 길입니다. 이 소들은 겉으로는 어리석으나 속으로는 현명하여 내가 계법을 받은 것을 알고 불법을 중히 여기는 까닭에 꿇어앉아 우는 것입니다." 하였다. 그 사람이 이 말을 듣고 "축생에게도 이러한 신앙심이 있는데, 하물며 사람에게 어찌 신앙심이 없겠습니까?" 하고는 이내 낫을 들어 자신의 머리카락을 잘랐다. 율사는 자비스러운 마음으로 다시 삭발해 주고 계를 받게 하였다.

그들은 속리산 골짜기에 이르러 길상초(吉祥草)가 난 곳을 보고 표시해 두고 다시 강원도 명주(溟州)를 거쳐 금강산에 가서 발연수(鉢淵藪)라는 절을 창건하였다고 한다. 그곳은 소달구지를 탄 사람이 진표 율사로 인하여 지극한 신심을 얻어 세속을 여의고 입산한 곳이라 하여 세속 속(俗), 여읠 리(離), 뫼 산(山) 자(字)를 쓴 '속리산'이라는 지명을 얻어 오늘에 이르고 있다.

1970년 3월 국립공원으로 지정된 속리산은 빼어난 산세와 국제적인 수준에 미흡함이 없는 편의 시설을 갖추었으며, 산자락마다 무궁화 강

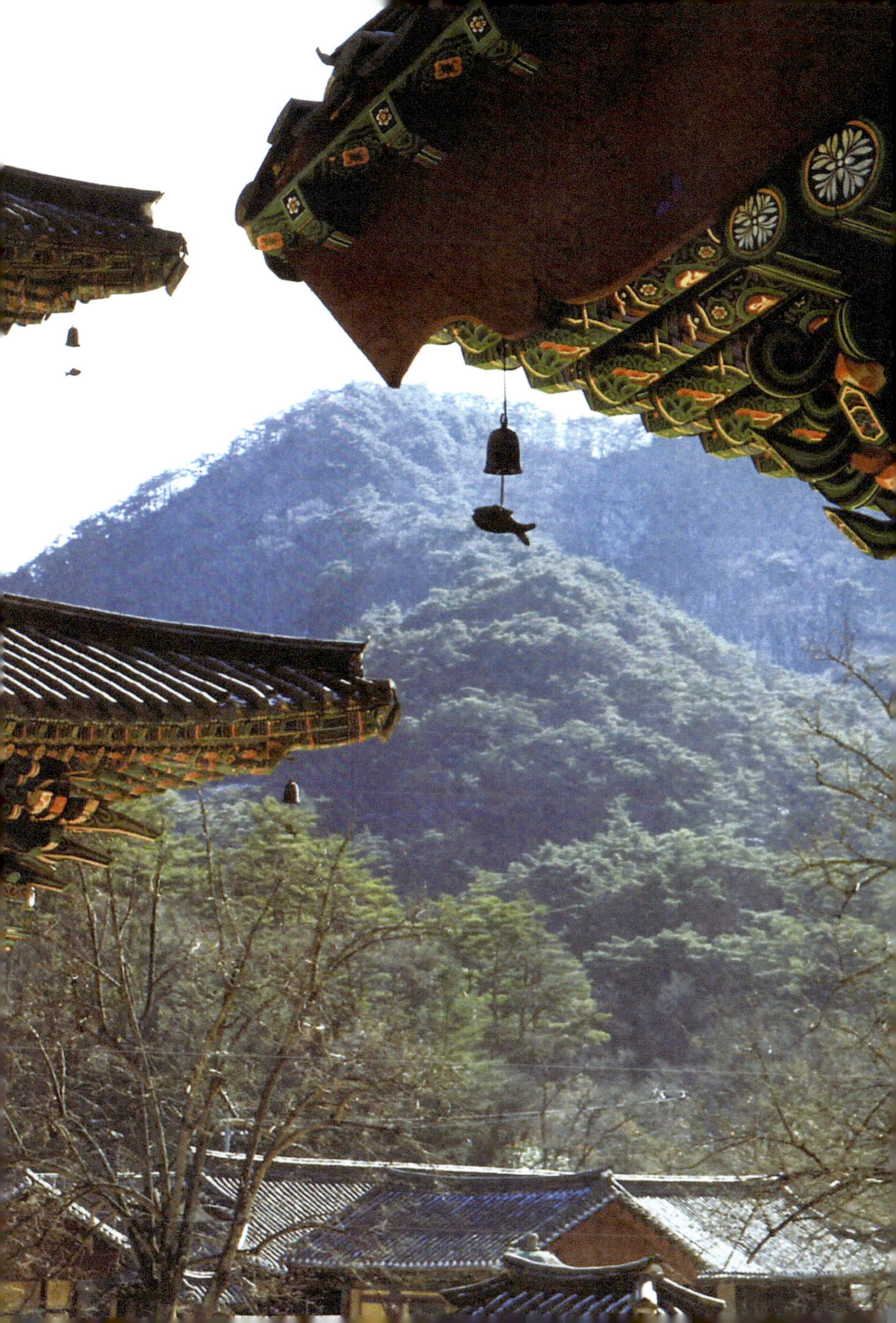

산의 긍지를 가득 담고 있다.

호서 제일 법주사

명산이 있는 곳에는 으레 명찰이 자태를 드러내게 마련이다. 속리산에서 고풍을 간직한 대찰(大刹)이 바로 법주사이다. 법주사의 창건에 관해서는 『동국여지승람(東國輿地勝覽)』에 "세상의 구전(口傳)으로는 신라 의신 조사(義信祖師)가 흰 나귀에 경전을 싣고 와서 이곳에 처음으로 절을 이룩했다."고 전하며 『신증동국여지승람(新增東國輿地勝覽)』이나 『조선불교통사(朝鮮佛教通史)』에도 같은 내용이 기술되어 있다. 곧 신라 진흥왕 14년(553)에 의신 조사가 인도에 가서 불법을 구하여 흰 나귀에 불경을 싣고 와서 머물렀기 때문에 '법주사'라고 부르게 되었다는 것이다.

그 후 법주사는 역사의 긴 숨결을 토해 내며 성덕왕 19년(720)에 중건되었으며, 고려에 와서는 태조 1년(918)에 왕사(王師)인 증통 국사(證通國師)가 중건하였고, 문종 때에는 여섯째 왕자였던 도생 승통(導生僧統)이 중창에 힘을 기울였다. 『동문선(東文選)』에는 17대 인종 때에 신라시대부터 개최해 오던 점찰법회(占察法會)를 열었다는 사실을 기록한 김부식의 '속리사점찰법회소(俗離寺占察法會疏)' 가 실려 있는데 여기에서 법회의 목적과 내용을 엿볼 수 있다. 원종(元宗) 때에는 자정 국존(慈淨國尊)이 이곳에서 유식학(唯識學)을 강의했을 뿐만 아니라 법주사를 중건하였으니 1342년에 경내에 세운 자정 국존비(慈淨國尊碑)는 현재까지 나타난 문헌 가운데 '법주사'라는 명칭이 가장 먼저 기재되어 있는 유물이라 하겠다.

공민왕 11년(1362) 8월에는 홍건적의 침입으로 임금이 경상북도 안

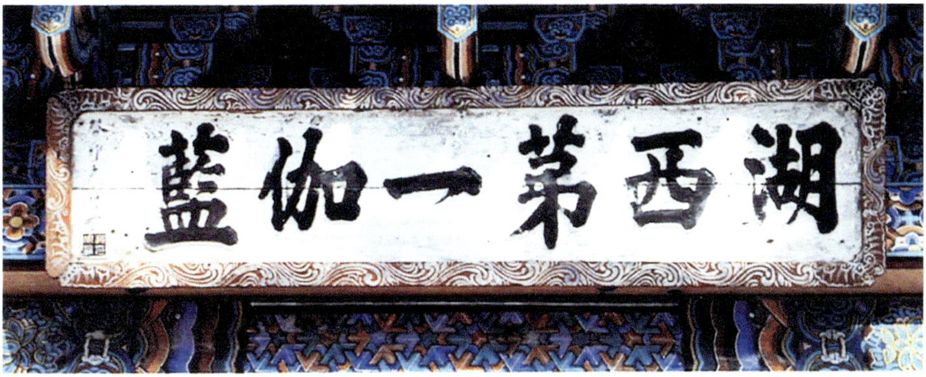

상환암에 걸려 있는 "호서제일가람" 현판

동까지 몽진(蒙塵)하였다가 다시 환궁(還宮)할 때 법주사에 와서 불은(佛恩)에 감격한 기념으로 통도사에 칙사를 보내어 불사리(佛舍利) 1립(一粒)을 옮겨다가 현재 수정봉 밑 능인전(能仁殿) 뒤에 사리탑을 조성, 봉안하였다.

조선의 이태조(李太祖)는 즉위하기 전에 현재의 상환암(上歡庵)에서 백일기도를 했다고 한다. 또 세조는 1464년(세조 10) 2월 28일에 직접 법주사로 가서 참배하고 산내 암자인 복천암(福泉庵)에서 3일 정진 기도를 바쳤다. 그리고는 당시 이곳에 주석하던 신미(信眉), 학열(學悅), 학조(學祖) 선사 등을 인견(引見)하고 법주사와 속리산 내의 사찰을 일신토록 하였다.

임진왜란 때에는 충청도 지방의 승병 본거지였던 법주사와 산내 암자가 모두 소실되는 상황을 맞게 되었으나 인조 4년(1626)에 벽암 각성(碧岩 覺性) 선사가 나와 중창에 힘을 기울였다. 벽암 선사는 보은에서 태어나 임진왜란 때 명나라 장군과 함께 해전에서 적을 크게 무찌른 인물이다. 그 후 1624년부터 3년 동안 지금의 남한산성을 쌓은 벽암 선사는 병자호란이 일어나 왕이 남한산성으로 피난하였다는 소식을 접하자

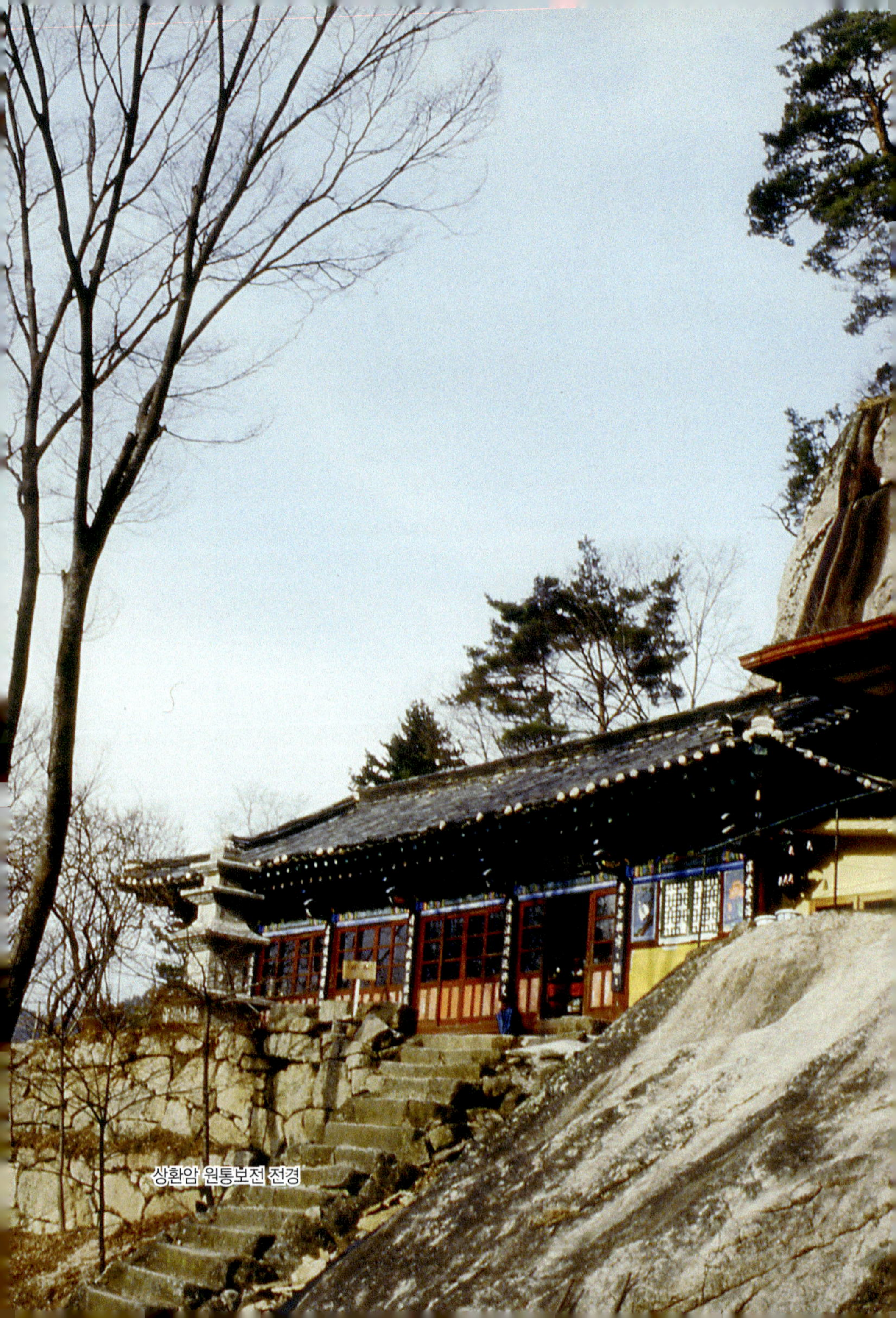

상환암 원통보전 전경

의승군(義僧軍) 3천 명을 모아 '항마군(降魔軍)'이라 이름하고는 스스로 의승 대장이 되어 북쪽으로 진군했으나 왕이 항복하였다는 소식을 듣고 진군을 중지하고 말았다.

고종 28년(1881)에는 탄응 선사(坦應禪師)가 퇴락한 법주사를 일신시켰으며, 1964년에는 추담 선사(秋潭禪師)가 대원군 때 소실된 미륵전 터에 당시 박정희 대통령을 비롯한 온 국민의 성원 속에 미륵불상을 조성하였다. 이로써 법주사는 내세(來世)에 왕림하실 부처님이신 미륵 신앙의 중추적인 요람이 되었다. 그 후로 금오 대선사(金烏大禪師)가 주석하면서 많은 제자들을 길러내어 법주사는 이른바 한국 선도량(禪道場)의 요지가 되었다.

이처럼 세월의 흐름 속에 퇴락했던 불상을 신심과 원력으로 새로이 조성하여 법주사가 이 땅에 미륵 신앙의 요람이 되기까지에는 당시에 주지였던 월탄 스님의 노고가 컸다고 하겠다.

여기서 이야기를 다시 정리해 보자.

법주사는 의신 조사가 창건을 하고, 진표 율사가 7년 동안 머물면서 중건하였다고 전해져 오고 있으나 『삼국유사』 권4 '관동풍악발연수석기'에 보면 진표 율사는 금산사에서 나와 속리산에 들러 길상초가 난 곳을 표해 두고 이내 금강산에 가서 발연수사를 창건하고 7년 동안 머물렀다. 진표 율사가 그 후 금산사와 부안 부사의 방에 가서 머물 때 속리산에 살던 영심(永深), 융종(融宗), 불타(佛陀) 등이 와서 신표 율사에게 법을 구하였다. 그때 진표 율사가 앞의 스님들에게 부촉하기를 "속리산에 가면 내가 길상초가 난 곳에 표시해 둔 곳이 있으니 그곳에 절을 세우고 이 교법(敎法)에 따라 인간 세상을 구제하고 후세에 유포하여라." 하였다. 이에 영심 스님 일행은 속리산으로 가서 길상초가 난 곳을 찾아 절을 짓고 '길상사'라고 칭하고 처음으로 점찰법회를 열었다. 금산사를 중건한 진표 스님이 미륵불을 조성하였기 때문에 진표 스님의 법을 받은 영심 스님 등도 마찬가지로 길상초가 난 곳에 절을 세우고 미륵불을 조성했을 것이 분명하다.

이러한 내용에 근거하여 현재의 법주사는 영심 스님에 의해 창건되었다고 볼 수 있다. 또 이를 뒷받침하는 구전으로 속리산 천황봉 아래에 본래의 법주사 터가 전해져 오고 있는데, 그곳에는 대사찰 규모의 석조 유물들이 산재해 있다. 그런데 고려 인조 때까지도 절 이름을 '속리사'라고 불렀다는 점과 『동문선』에 '속리사'라는 제목으로 쓴 시가 실려 있는 점으로 미루어 아마도 절 이름이 '길상사'에서 '속리사'로, 다시 '법주사'로 바뀐 것이 아닌가 생각되지만 이를 규명하는 것은 다만 후대의 과제라 하겠다.

진표율사(眞表律師)

진표 율사의 전기는 『삼국유사』 권4 '관동풍악발연수석기'에 자세히 기록되어 있다. 진표 율사는 신라의 고승으로 성은 정(井) 씨이고 아버지는 진내말(眞乃末), 어머니는 길보랑(吉寶娘)이며 완산주(完山州) 만경현(萬頃縣) 태생이다. 『고승전』의 기록에 의하면 그는 어려서 활을 잘 쏘았다고 한다. 그런데 어느 날 논둑에서 개구리를 잡아 버들가지에 꿰어 물에 담가 두고는 산으로 사냥을 하러 갔다. 그 후 개구리를 잊고 지내다가 이듬해 봄에 개구리 우는 소리를 듣고는 갑자기 생각이 나 그곳에 가보니 개구리는 그가 지난해에 물에 담가 두었던 그대로 버들가지에 꿰어져 울고 있었다. 이에 크게 잘못을 뉘우친 그는 불도(佛道)에 뜻을 두어 12세에 금산수(金山藪) 숭제 법사(崇濟法師)에게서 계를 받았다. 숭제 법사는 진표에게 사미계(沙彌戒)를 주며 『공양차제비법(供養次第秘法)』 1권과 『점찰선악업보경(占察善惡業報經)』 2권을 주고는 "너는 이 계를 가지

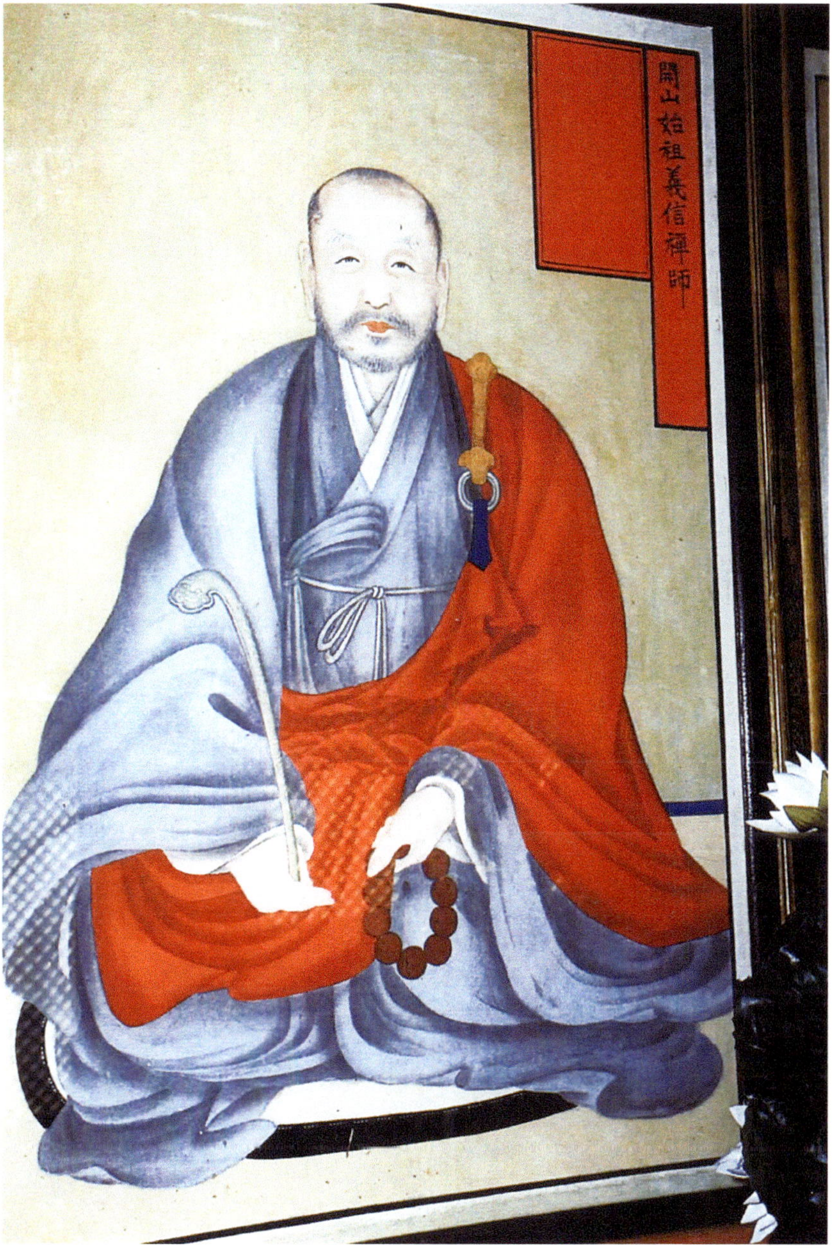

개산조라고 알려져 있는 의신 조사 영탱

고 미륵·지장의 두 성인 앞에서 간절히 법을 구하고 참회를 하여 친히 계법을 받을 것이며, 그것을 온 세상에 널리 전하여라." 하는 가르침을 주었다. 숭제 법사의 가르침을 받은 진표 스님은 하직 인사를 하고 물러 나와 여러 곳을 다니며 수행하다가 27세(760년)에 보안현(保安縣)으로 가서 변산의 부사의방에 들어갔다. 그곳에서 간절히 계법을 구한 지 3년 만에 미륵보살과 지장보살로부터 계법을 받고 금산사를 중창한 후에는 속리산 골짜기에 이르러 길상초가 난 곳에 표시를 해두고 강원도 명주로 떠났다. 다시 개골산(皆骨山)으로 들어간 진표 스님은 발연수(사)를 세우고 점찰법회를 열었으며, 그곳에 거주한 지 7년 만에 다시 나와 부사의방에 살면서 고향에 돌아가 아버지를 뵙기도 하고 진문대덕(眞門大德)의 방에 가서 살기도 했다. 이때 속리산에 있던 대덕(大德) 영심, 융종, 불타 스님들이 함께 율사가 있는 곳으로 와서 계법(戒法)을 청했다. 진표 율사는 이들의 간절한 참회와 구도의 마음을 헤아리고 드디어 가사와 발우, 『공양차제비법』 1권, 『점찰선악업보경』 2권과 간자(簡子) 189개를 주었다. 또 미륵진생(彌勒眞性) 제9간자와 제8간자를 주면서 경계의 말을 부촉(咐囑)하기를 "제9간자는 법이(法爾)이고 제8간자는 신훈성불종자(新熏成佛種子)인데 내가 너희들에게 이미 주었으니 이것을 가지고 속리산으로 되돌아가거라. 그 산에 길상초가 난 곳이 있으니 그곳에 정사(情舍)를 짓고 이 교법에 따라 널리 인간과 천(天)을 제도하고, 또 후세에까지 유포시켜라." 하였다. 영심을 비롯한 제자들은 진표 율사의 가르침을 받들어 속리산으로 가서 길상초가 난 곳을 찾아 절을 세우고 절 이름을 '길상사'라 하였으며 스승의 부촉에 따라 처음으로 점찰법회를 열었다 한다.

세조의 피접(避接)

어느 날 조선의 7대 임금인 세조는 용상에서 낮잠을 자고 있었다. 주지(周知)하는 바와 같이 세조는 선왕인 어린 단종을 강원도 영월로 귀양 보내고 무참히 살해한 누를 범했던 인물이다. 그런데 꿈에 단종의 어머니이며, 세조에게는 형수인 현덕왕후(顯德王后)가 나타났다. 왕후는 노기 띤 얼굴로 세조를 한참 노려보다가 "네가 내 아들을 죽였으니 나는 네 아들을 잡아가겠다."라고 말하고는 사라졌다. 세조가 깜짝 놀라서 깨어 보니 전신이 땀에 홍건히 젖어 있었다.

세조가 기분이 상하여 앉아 있을 때 맏아들인 도원대군(桃源大君)이 죽었다는 전갈이 왔다. 모든 것이 현덕왕후의 소행이라고 믿은 세조는 즉시 현덕왕후의 능을 파헤쳐 왕후의 시신을 평민의 무덤같이 묻도록 하였다.

그날 밤 꿈에서 세조는 현덕왕후를 다시 만났는데 왕후는 눈을 흘기면서 세조에게 침을 뱉고는 사라져 버렸다. 이튿날 일어나 보니 그 침자국이 종기가 되어 곪기 시작하여 마침내 전신으로 번져 나갔다. 전의감(典醫監)을 통하여 좋다는 약은 다 써 보았으나 백약이 무효였다. 세조는 그때 자신의 병이 약으로는 치료하기 어려울 것이라는 사실을 깨달았다. 그래서 불은(佛恩)을 입어 고쳐 볼 양으로 명산 대찰을 찾아보기로 결심하였다. 말하자면 피접(避接; 앓는 사람이 장소를 바꾸어 요양하는 것)을 위하여 속리산으로 행차하게 된 것이다.

피접을 떠난 세조가 지금의 보은군 수한면 교암리(教岩里) 앞을 통과할 때였다. 연(輦; 임금이 타던 가마) 안에서 지루함을 달랠 길 없어 길 옆 냇가를 바라보며 한숨 짓던 세조의 눈앞에 장엄한 바위의 수려한 자태가 맑은 냇물에 비쳐 마치 일행을 맞아들이는 듯한 광경이 펼쳐졌다.

그 바위를 본 세조는 지난날 왕위를 빼앗고자 김종서, 성삼문 등 많은 충신들을 참혹하게 처단했던 일과 어린 조카를 살해했던 일들이 주마등처럼 떠올라 자책감을 떨칠 길이 없었다. 세조는 행렬을 멈추게 한 뒤

바위 앞에 나가 참회의 눈물을 흘리며 그것을 어루만졌다. 그러자 바위는 마치 세조의 모든 죄를 너그러이 용서하고 감싸안아 주는 것처럼 보였다. 얼마간 상념에 빠져 있던 세조는 바위를 가리키며 "이 바위는 하늘의 이치를 가르쳐 주는 바위다."라고 말하고는 그곳을 떠나 다시 속리산으로 길을 재촉하였다. 그 뒤부터 그 바위를 '교암(敎岩)'이라 부르게 되었다고 하지만 1939년 국도 개설로 바위가 폭파되어 자취를 찾을 길이 없다. 단지 바위의 어원에서 비롯된 교암리 마을만이 남아 있을 뿐이다.

세조의 행렬이 보은읍을 거쳐 속리 쪽으로 나지막한 고개를 막 올라섰을 때였다. 이들 앞에 한 노승이 나타나 세조 앞에 합장 배례를 드린 뒤 "대왕마마, 고개 넘어 오봉산이 있사온데 이 산 아래 행궁(行宮; 임금이 여행길에 묵는 별궁)을 지으시고 오가실 때 쉬어 가소서." 하고,는 구름처럼 바람처럼 사라졌다.

세조는 너무나 신기하여 노승이 말한 대로 행궁을 짓게 하고 행궁 앞산에 북을 달아 아침저녁으로 북을 쳐 백성들에게 시간을 알려 주도록 하였다.

이런 연유로 노승이 나타났던 고개를 미륵불이 변신하여 나타난 곳이라 하여 '미륵댕이 고개'라고 부르게 되었고, 오봉산 아래 행궁을 지었던 자리를 '대궐터' 그리고 북을 달았던 곳을 '북바위'라고 부르게 되었다. '미륵댕이'는 현재 통일탑이 서 있는 곳에서 속리 쪽으로 가는 작은 고개를 말하는 것이고, '대궐터'란 장재저수지 둑 아래 왼쪽의 한옥 집단 마을로 취락 구조를 이루고 있는 아담한 마을이다.

그런데 마티재를 넘은 세조 일행이 내속리면 상판리에 당도하니 길가에 우산 모양을 한 큰 소나무가 우뚝 서 있었다. 늘어진 가지에 연이 걸릴 것 같아 "연 걸린다!"라고 주의를 주었다. 그런데 그때 이상한 일이 일어났다. 축 늘어져 있던 소나무 가지 하나가 하늘을 향하여 올라가는 것이 아닌가. 참으로 기특하고 신기하기 짝이 없는 일이었다. 또한 세조 일행이 피접을 마치고 한양으로 돌아가는 길에 이 소나무 아래에 이르자 갑자기 소나기가 내렸는데 다행히 소나무 아래에서 비를 피할 수 있었다. 세조는 "올 때도 신기하게 내가 무사히 지날 수 있게 하더니 이제 갈 때도 기특하게 비를 막아 주니 참으로 기이하도다." 하면서 이 소나무에게 정이품(正二品; 판서 지위)의 품계를 하사하였다. 이로부터 이 소나무를 '연거랑이 소나무(연괘송(輦掛松))' 혹은 '정이품송'이라 부르게 되었다.

복천암 계곡에는 목욕소가 있는데 이곳 또한 세조와 인연이 깊은 곳이다. 세조가 목욕을 하고 있을 때 세조 앞에 동자가 나타나서 "마마, 소생은 월광태자올시다. 약사여래(藥師如來; 중생을 질병으로부터 구해 주는 부처님)의 명을 받아 왔습니다. 병이 곧 완쾌될 것이니 너무 고심치 마옵소서." 하고는 사라졌다. 그 후 세조가 목욕을 마치고 옷을 입을 때 보니 그렇게도 흉측하던 종기가 깨끗이 나아 있었다.

이렇듯 세조와 법주사 사이에는 다겁생(多劫生)의 인연이 있었던 모양이다.

수정봉과 거북바위

필자는 법주사에 가면 곧잘 수정봉에 오른다. 바쁜 일정 속에서 문장대까지 오르기란 마음뿐, 참으로 어려운 일이고 산에 온 기분은 내야겠기에 차선책으로 쉽게 택한 방도가 바로 수정봉 등정이다. 등정이라는 말에 신경 쓸 필요는 없다. 쉬엄쉬엄 오르면 40~50분으로 족한 거리이다.

수정봉이라는 이름에는 다음과 같은 유래가 있다. 법주사를 중심으로 하여 그 남쪽에는 남산(南山)이 있는데 남쪽은 화기(火氣)가 있는 곳이고, 법주사의 모든 건물은 목조로 되어 있었으므로 남산의 화기 때문에 화재가 자주 일어날 우려가 있었다. 그래서 남산의 화기를 눌러 법주사에 화재가 일어나지 않도록 하기 위하여 법주사 뒷산에 수성(水性)을 가진 수정이란 이름을 붙여 '수정봉'이라 하였다는 것이다.

이 수정봉 정상에는 넓고 편편한 큰 바위가 상하(上下) 두 계단으로 깔려 있는데 2백여 명은 족히 앉아 산수를 즐길 만하며, 시계(視界)가 탁 트여 법주사 경내는 물론이요 금세 사통오달이 된다. 반석 위쪽에는 거북 모양의 자연석이 있으며, 여기에는 중국과 관련된 전설이 있다. 아마도 이 거북 머리가 중국 쪽을 향하고 있어서 만들어진 전설인 듯하다.

옛날 당나라 태종이 세수를 하려는데 세숫물에 큰 거북 그림자가 비쳤다. 이상히 여긴 태종이 유명한 도사(道士)를 불러 물으니 도사가 대답하되 동국(東國; 한국) 명산에 큰 거북의 물형(物形)이 당나라를 향하고 있어 많은 당나라 재보(財寶)를 동국으로 들어가게 하고 있으니 사람을 보내어 동국 방방곡곡을 탐색해서라도 큰 거북 모습의 물형을 없애라 하였다.

태종은 도사의 말대로 사람을 파견하여 곳곳을 찾다가 마침내 속리산 수정봉에 있는 돌거북을 발견하고 그 목을 자르게 했다. 그러나 그러고서도 안심이 안 되어 돌거북 등 위에 10층 석탑을 쌓아 거북의 정기를 눌렀다. 그리하여 목이 끊어지고 탑에 눌린 형상의 돌거북이 되고 말았다.

목 잘린 거북은 1653년 목천 군수 이두양(李斗陽)의 지시로 다시 머리가 붙여지게 되었다. 또 1665년 충청 병마절도사(兵馬節度使) 민진익(閔震益)이 속리산 수정봉에 올라 탑에 관한 스님들의 전후 이야기를 듣고 관찰사(觀察使) 임의백(任義伯)에게 건의하여 탑까지 부수어 버렸다 한다. 사대주의에 반기를 든 이들의 민족 자존의 주체 의식은 참으로 위대한 행동이 아닐 수 없다.

지금도 거북의 등에는 우람한 탑을 세웠던 흔적이 역력하고 수정봉 중턱 이곳저곳에는 파손된 탑신(塔身)들의 상흔이 모습을 드러내고 있다.

당래하생(當來下生) 미륵불(彌勒佛)

법주사는 미륵 신앙과 밀접한 관계를 맺고 있다. 그러한 관계를 설명하기에 앞서 미륵보살이란 어떤 보살이며, 미륵 신앙에 대한 경전에는 어떤 것이 있으며, 또 미륵정토는 어떤 곳에 있는가에 대하여 살펴보기로 하자.

미륵보살이란 범어로 '마이트리야(Maitreya)'인데 중국에서는 '자씨(慈氏)' 혹은 '자존(慈尊)'이라 번역하기도 한다. 이 미륵보살은 석가모니불의 '일생보처(一生補處)보살'이라고도 한다. 이는 현재불인 석가여래에 이어서 다음 대의 불(佛)이 되기로 정해져 있는 보살이라는 뜻으로 과거불, 현재불에 대하여 '당래불(當來佛)'이라고 하는 것이다. 그래서 미륵은 현재에는 불이 되고자 수행 중인 보살이지만 다음 부처님으로서 확정되어 있기 때문에 '미륵불'이라고도 불리어지며, 보살상 이외에 여래의 형태로 조상(造像)되는 경우도 있다.

전하는 바로는 석가여래가 보살이었을 때 미륵보살과 같이 수행하고 있었는데 그 근기(根機) 면에서 보면 미륵이 석가보다 먼저 성불(成佛)할 수 있는 입장이었으나 석가보살의 수행은 맹렬하고 진실하여 보통 백겁(百劫)이 요구되는 보살의 수행 기간을 91겁으로 마치고 성불하였다고 한다. 그 결과 석가가 현재불이 되었으므로 자연히 미륵은 당래불로서 아직도 수행을 계속하고 있는 것이라고 한다.

그러면 이렇듯 수행을 계속하고 있는 미륵은 현재 어디에 있을까 궁금해진다. 불교의 세계관은 욕계(欲界) 6천, 색계(色界) 18천, 무색계(無色界) 4천을 합하여 28천을 들고 있다. 욕계 가운데 제4천이 도솔천(兜

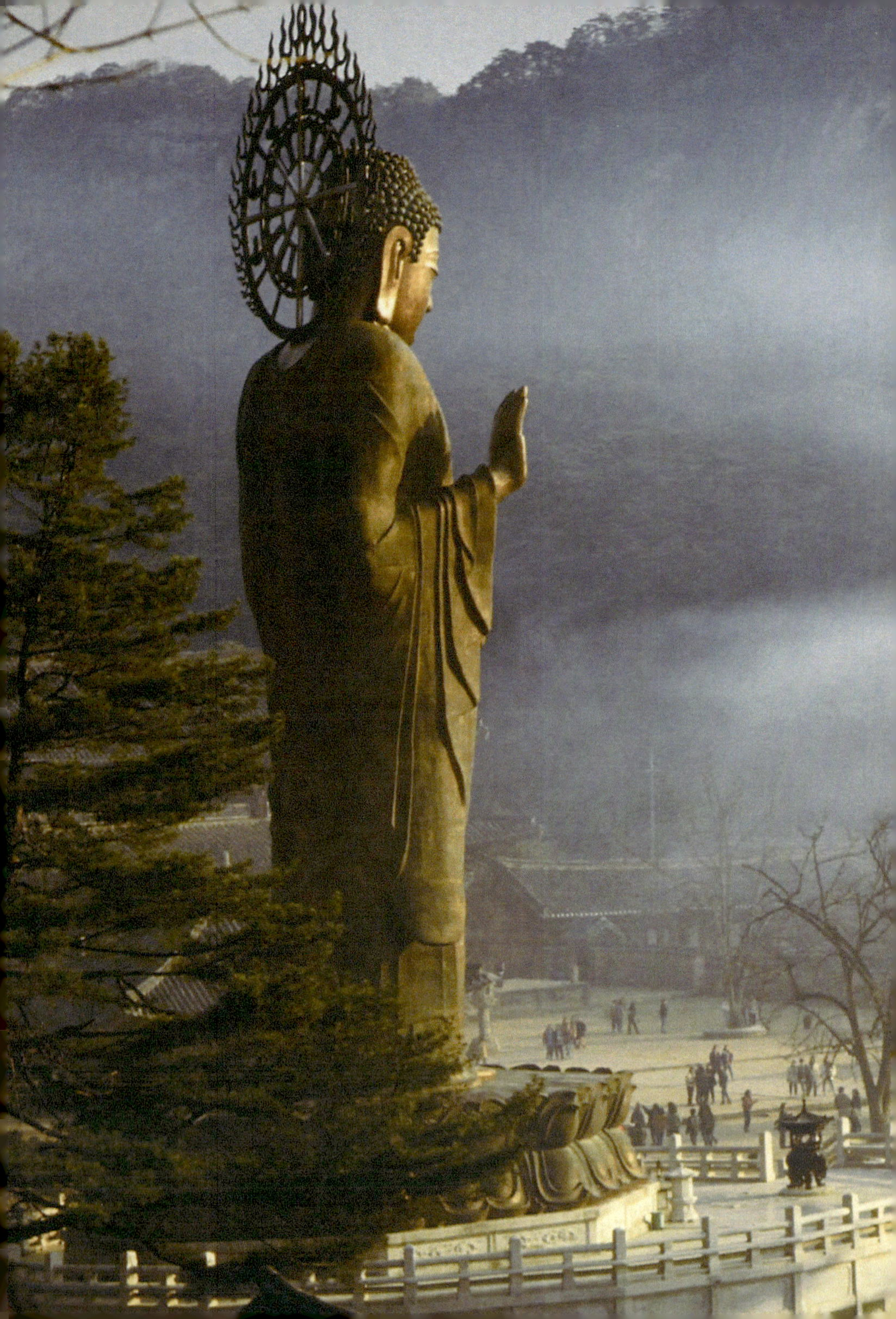

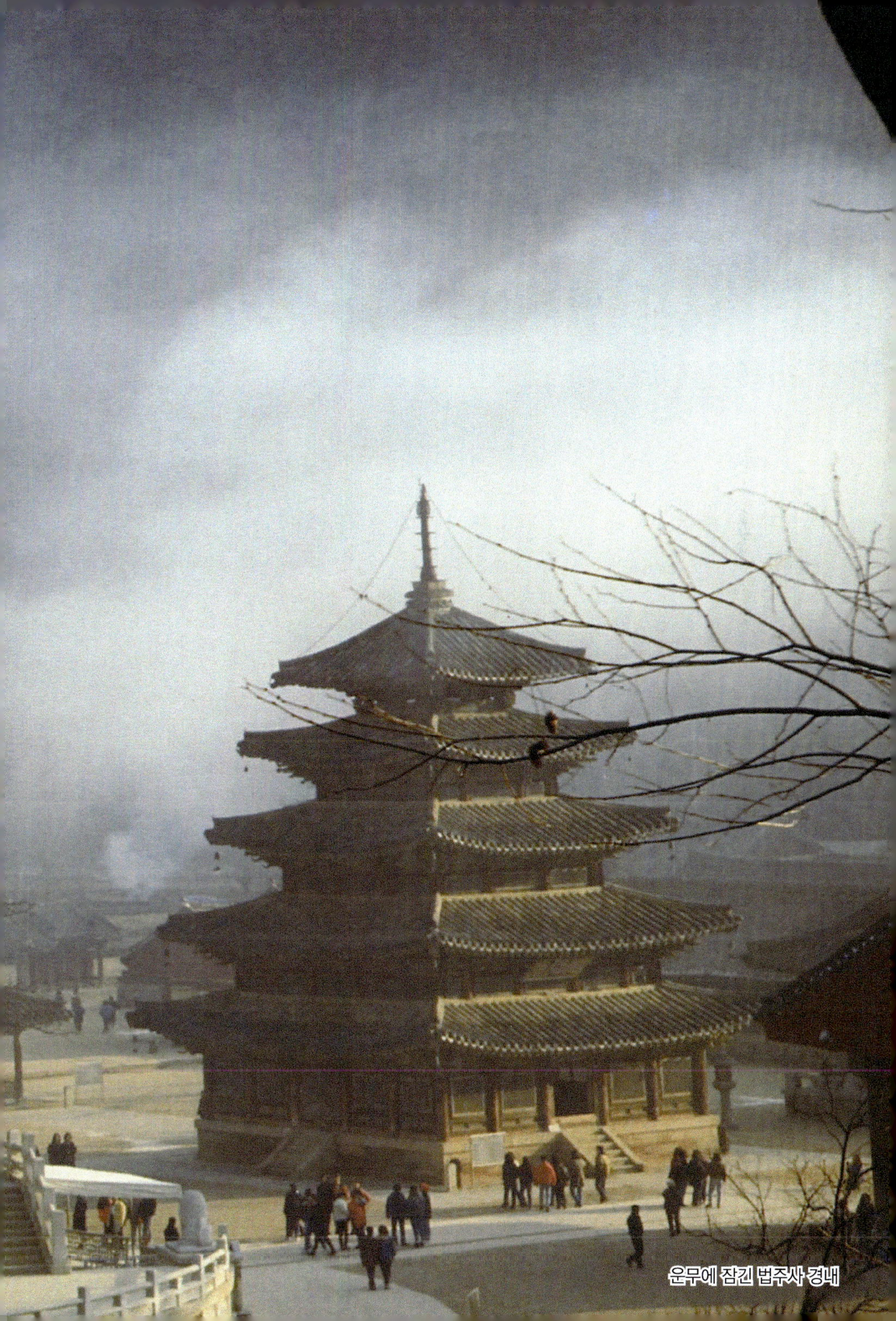
운무에 잠긴 법주사 경내

率天)인데, 미륵은 그곳에서 수행하면서 많은 천중(天衆)들을 위하여 설법하고 있다고 한다. 이 도솔천은 성자 출현과 보은 관계가 있는데 석가여래도 보살로 있다가 성불할 때 도솔천에서 백상(白象)으로 화(化)하여 염부제(閻浮提)에 하생(下生)하고 마야부인(摩耶夫人)에게 잉태되었다.

석가모니불이 멸한 후 56억 7천만 년이 지나 우리가 사는 염부제인 지상에 내려와서 바라문의 여자 범마파제(梵摩波提)에게 잉태되어 마침내 부처가 된 미륵은 용화수(龍華樹) 아래에서 세 번에 걸쳐 인연 있는 사람들에게 설법을 행하게 된다고 한다. 이를 일러 '용화삼회(龍華三會)'라고 한다. 인간은 일심으로 미륵을 믿고 철저히 수행하고 선근(善根)을 쌓아서 용화삼회의 설법에 참가하여 구원을 받지 않으면 안 된다는 것이 미륵 신앙이다. 유수(流水)와 같이 짧은 우리 인생으로는 3회의 설법에 참가하기 어려우므로 사후에 도솔천에 올라가 그곳의 미륵보살 옆에서 56억여 년을 지내고 싶다. 그러고나서 마침내 미륵이 하생하게 되면 그때 미륵을 따라 다시 지상으로 돌아와 3회 가운데 첫 번째 설법을 듣고 싶은 간절한 마음이 든다.

여기서 도솔천을 놓고 미륵상생 신앙과 미륵하생 신앙으로 크게 나눌 수 있다. 전자는 인간이 살다가 죽은 다음 도솔천에 올랐다가 다시 미륵과 같이 하생하여 3회 설법에 참가하기를 원하는 신앙을 말하며, 후자는 도솔천에 상생(上生)하는 것과는 관계없이 미래세의 3회 설법에 참가하기를 원하는 신앙을 말한다. 여기에서 더욱 궁금해지는 것은 미륵보살이 석가모니와 같이 역사적으로 실재한 인물이었는가 하는 점이다.

당래불로서의 미륵도 처음에는 실재하는 불제자였다고 한다. 그러나 점차 이상화되면서 신앙의 대상이 되었다는 설이 있는가 하면, 350년대에 생존하여 무착(無着)의 스승으로서 많은 경전이나 저술을 남긴 역사적 인물로서의 미륵이 그와 동명(同名)인 당래불로서의 미륵보살과 혼동

되고 있다는 설도 있다. 그러나 지금까지 우리들이 일반적으로 생각했던 미륵은 도솔천에 살고 있으며, 당래불로서 이 지상에 하생하여 내세를 구원한다고 하는 미륵경전에 언급된 미륵보살이 아닌가 생각된다.

미륵 신앙에 대한 경전으로는 미륵삼부경(彌勒三部經)을 들고 있는데, 불설미륵보살상생도솔천경(佛說彌勒菩薩上生兜率天經), 불설미륵하생성불경(佛說彌勒下生成佛經), 불설미륵대성불경(佛說彌勒大成佛經)으로 구성되는 이 경전들은 모두 『대정신수대장경(大正新修大藏經)』 제14권에 수록되어 있다.

상생경과 하생경을 비교해 보면 상생경 가운데 "미륵하생경에 설한 바와 같이"라는 구절이 있으므로 상생경이 하생경보다 후대의 것이라고 생각된다. 경전의 내용에서 보면 미륵은 먼저 도솔천에 상승하여 그 다음에 지상에 하생하는 것이기 때문에 상생경이 하생경보다 빠른 것이라 할 수 있으나 사실은 그 반대로 얼마 후의 미래에 용화삼회를 기대하는 하생 신앙이 먼저 성립되고 그 뒤에 하생경에 설한 미래의 구제를 기다리지 않고 사후에 미륵이 있는 도솔천으로 상승함을 기원하는 상생 신앙이 발달한 곳에 상생경이 성립된 것으로 보인다. 이러저러한 전후 관계는 인도에서의 일일 뿐 삼경(三經)이 거의 동시에 전래되었다고 생각되는 우리나라에서는 큰 문제가 되지 않을 것이다.

신라의 원효(617~686)가 입적하기까지 황룡사(皇龍寺)에 거주하면서 『미륵상생경소(彌勒上生經疏)』, 『미륵상생경종요(彌勒上生經宗要)』 등의 저술을 남긴 것으로 미루어 당시 미륵 신앙의 추이를 짐작할 수 있다. 또 진흥왕 5년에 건립된 흥륜사(興輪寺)에는 미륵상(彌勒像)이 봉안되었고, 백제의 성왕은 겸익(謙益)을 인도에 보내어 율(律)을 배워 오게 했다는 기사가 '미륵불광사조(彌勒佛光寺條)'에 보이는데, 겸익이 거주했던 불광사는 백제 미륵도량의 중요한 사원이었을 것이다. 뿐만 아니라 백제의 무왕(武王) 때는 거대한 미륵도량이 전북 익산(益山) 지방에 세워지는 등 미륵 신앙이 국민적 교화에 기여하였던 사실로 미루어 보아 백제 때 미륵 신앙이 얼마나 성행했는지를 짐작할 수 있다.

진표 율사가 금산사(金山寺)를 제1도량으로, 법주사를 제2도량으로, 금강산 발연사(鉢淵寺)를 제3도량으로 창건하였으니 이것이 바로 용화삼회 설법도량(龍華三會說法道場)을 표시한 것이라고 할 수 있다.

금오 대선사(金烏大禪師)

불조(佛祖)의 혜명(慧命)을 계승하며 덕숭 문중(德崇門中)의 대들보로서 수행에 정진한 사람이 바로 금오(金烏) 대선사이다.

금오 선사는 1896년 7월 23일, 전남 강진군(康津郡) 병영면(兵營面) 박동리(朴東里)에서 아버지 동래 정(鄭)씨 용보(用甫)와 어머니 조(趙) 씨의 2남 3녀 가운데 차남으로 태어났다. 속명은 태선(太先)이고, 휘(諱)는 태전(太田)이며, 호(號)가 금오이다. 1896년이라면 국제적으로는 일본과 러시아 등 열강들이 앞다투어 침략의 군침을 흘리던 때였고, 국내적으로도 혼란한 시기였다. 1894년에는 동학농민운동이 일어났고 김홍집(金弘集)이 갑오경장을 일으켰으며, 그 이듬해에는 김홍집 내각이 퇴각되고 민비가 살해되는 등의 사건이 일어났다. 그 결과 러시아 세력이 밀려 들어오게 되었고, 1896년 2월에는 고종이 아관파천(俄館播遷)을 함으로써 친(親)러시아 내각이 들어서는 등 국운은 그 좌표를 잃어가고 있었다.

이러한 시기에 태어난 금오 선사는 어려서 서당(書堂) 교육을 받았는데 천성이 영민하고 기질이 출중하여 학동 가운데 공부가 늘 앞섰다. 『금오집(金烏集)』에는 가형(家兄)으로부터 공부를 게을리한다는 꾸지람과 매를 맞고는 "그까짓 글공부만 해서 무엇을 하느냐"며 집을 나와 그 길로 출가를 하였다고만 적혀 있다.

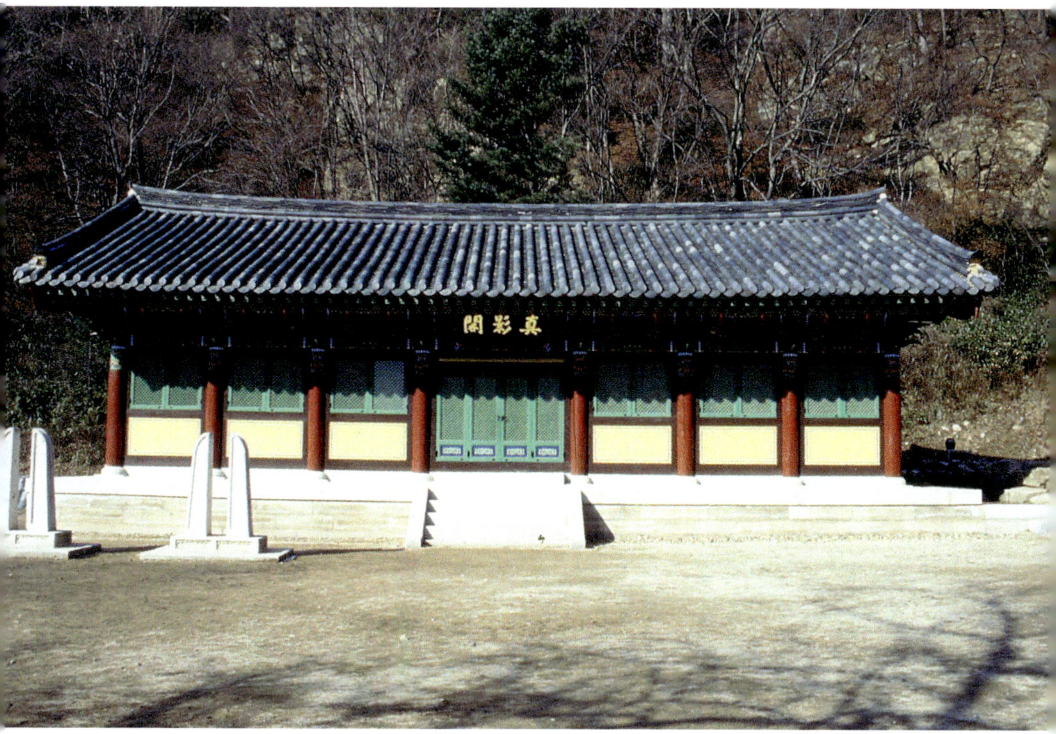

진영각 최근에 지은 건물로 건축적인 품격은 논할 바 못 되나 역대 조사와 강사들의 진영이 봉안되어 있다.

전라도 지방은 동학운동의 발생에서부터 전개 과정 운동이 활발하던 곳이었다. 결국 세상을 보는 시야가 넓어짐에 따라 현재의 소용돌이치는 세태를 타개하고자 하는 미지의 세계를 향한 몸부림이 금오 선사로 하여금 출가 수행이라는 자기 투신을 단행하게 했던 것으로 보인다.

금오 선사는 금강산 마하연 선원(摩訶衍禪院)을 찾아가 도암 긍현(道庵 亘玄) 선사에게 삭발 득도하였다. 그 후 오대산 월정사(月精寺)에서 안거(安居)하다가 한국의 선풍(禪風)을 진작시킨 경허(鏡虛) 선사 등이 있던 통도사(通度寺) 보광전(普光殿)과 혜월(慧月) 스님이 회주(會主)로

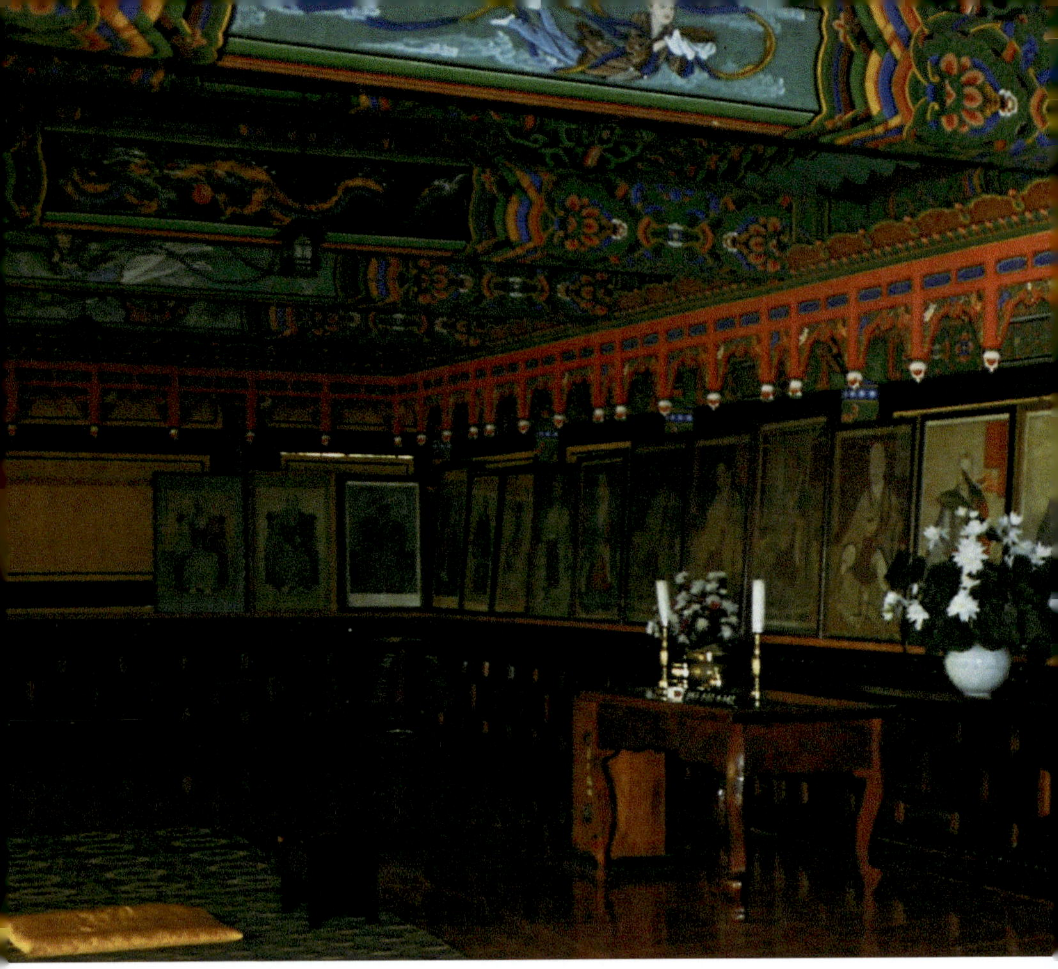

있던 천성산(天聖山) 미타암 등에서 수행 정진을 하며 여러 선지식과 깊은 교유를 나누었다. 1928년 당대의 선지식 만공(滿空) 선사의 수제자인 보월(寶月) 선사를 찾아 충남 예산 보덕사(報德寺)로 간 금오 선사는 보월 선사와 의기투합하여 그간 공부한 경계를 털어놓았다.

시방 세계를 투철히 오르니
있고 없다는 것이 또한 없구나.

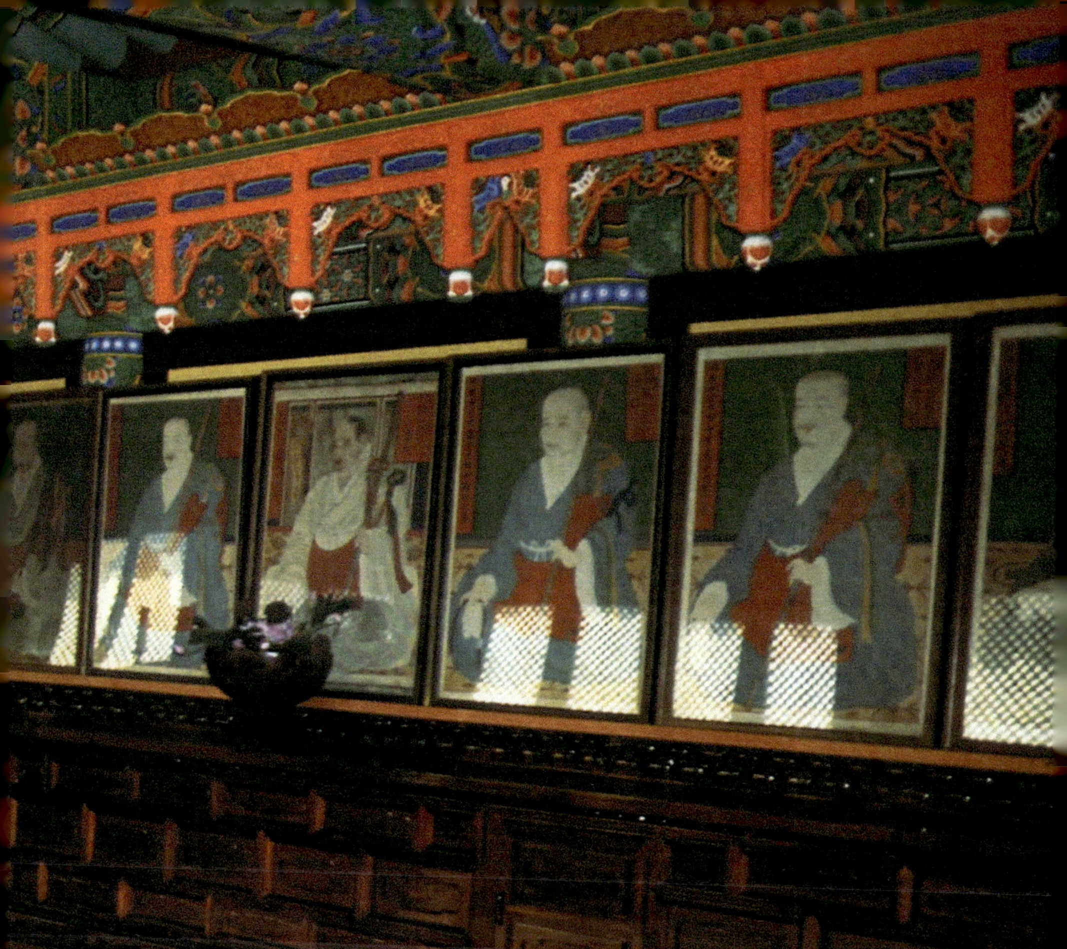

진영각 내부에 봉안된 조사 영탱

낱낱이 모두 그러한데
아무리 뿌리를 찾아봐도 없고 없을 뿐이네.
(透出十方昇 無無無亦無 個個只此爾 覓本亦無無)

이를 점검한 보월 선사는 득처(得處)가 있음을 간파하고 인가하였다. 이로써 금오 선사는 보월 선사의 사법(嗣法) 제자가 되었으며, 이후 보월 선사 회상(會上)에서 개오(開悟)를 위한 대정진을 하였다. 후에 보월 선사가 입실 건당식(入室建幢式)을 갖지 못한 채 입적한 사실을 알게 된 만공 선사는 건당식을 베풀어 주고 전법게(傳法偈)를 내렸다.

덕숭산맥 아래
무늬 없는 인을 지금 전하노라
보월은 계수나무 아래 내리고
금오는 하늘 끝까지 나네.
(德崇山脈下 今付無文印 寶月下桂樹 金烏徹天飛)

이렇게 보월 선사의 법계를 이은 금오 선사는 10여 년 동안 승속을 넘나드는 투철한 두타행을 하기도 하였다. 나이 40세에 직지사(直指寺) 조실이 되었고, 1955년 조계종 부종정을 역임했으며, 1958년에는 총무원장을 맡아 일선 행정을 보았다. 선사는 말년에 법주사에서 납자를 제점하여 당대의 법석(法席)이 극에 달했다. 1968년 10월 18일 세연이 다했음을 예견한 선사는 월산(月山) 스님에게 전법(傳法)을 한 후 홀연히 입적하였다. 이때가 세수 73세, 법랍 57세였다.

기라성 같은 제자

근대 한국 선종을 중흥시킨 도량을 들라 하면 단연 '덕숭산(德崇山)'을 꼽을 수 있을 것이다. 이곳에서 당대의 선지식이 경허(鏡虛)·만공(滿空)·혜월(慧月) 선사로 이어졌고, 만공 선사에서 용음(龍吟)·고봉(古峰)·적음(寂音)·혜암(惠庵)·전강(田岡)·운봉(雲峰) 선사 등 기라성 같은 선승들이 배출되었다.

금오 선사의 선지(禪旨)는 한국 정통 선(禪)의 맥을 이었으며, 그의 회상에서 공부를 했던 수좌들이나 제자들에게 그대로 이어져 한국 선맥의 요람으로서 선풍을 진작시키고 있다.

금오 선사의 화두는 '시심마(是甚麼)'였는데, 선사는 제자들에게도 이를 권하였다. 참선을 중요시하여 "참선을 하지 않는 납자는 중 자격이 없다."고 질타하였다.

지리산 칠불선원(七佛禪院)에서의 정진으로 금오 선사는 선지를 구체적으로 확립하였다. 서암(西庵; 조계종 전 종정), 일각(조계총림방장), 도광(전 화엄사 주지), 도천(조계종 원로위원), 성찬 스님 등이 금오 선사의 회상에서 정진과 수행을 같이했던 스님들이다.

스님의 직계 문하에는 뛰어난 제자가 많았는데 현존하는 사법 제자만 해도 수십 명에 이르고 있다. 조계종 원로회의 의장과 불국선원 조실인 상수제자(上首弟子) 월산 조실 스님을 선두로 월남(月南), 범행(梵行), 탄성(呑星), 이두(二斗), 혜정(慧淨), 월성(月性), 월주(月珠), 월서(月棲), 월탄(月誕), 정일(正日), 월태(月太), 월룡(月龍), 천룡(天龍), 월선(月禪), 월복(月卜), 월은(月隱), 월학(月鶴), 월국(月國), 삼덕(三德) 스님 들이다.

이들 문도들은 조계종 총무원장·종회의장·교구본사 주지를 상당수 역임하였고, 명실상부하게 한국 불교를 이끌어 가는 중추적 역할을 담당하고 있다. 제자들은 불국사, 법주사, 금산사를 중심으로 불교 중흥을 위해 끊임없이 정진하고 있으며 후진 양성에 각별한 관심을 기울이고 있다. 혜월-긍현으로 이어지는 은계(恩系)와 만공-보월로 전해지는 법계(法系)를 그대로 이음으로써 한국 정통 선맥을 고스란히 잇고 있는 것이다.

1992년 9월 법주사 수련 모임에서 직계 손상좌가 600여 명으로 알려졌는데 엄청난 숫자가 아닐 수 없다. 이들은 각자 다양한 가치를 추구하고 있지만 오직 애종하고 애국하며 자성을 밝히는 노스님의 가풍을 소롯이 답습하여 처한 곳마다 주인이 되어 자기 성찰을 게을리하지 않고 있다.

제방에서 수행에 몰두하는 일등 납자가 되었는가 하면, 교학을 연마하여 1986년 철학박사 학위를 취득한 현각(玄覺) 스님을 필두로 지명(之鳴)·성본(性本)·성우(性愚) 철학박사가 있으며, 현각 스님은 동국대학교 정각 원장을 역임한 후 선학연구소장을 맡아 후진 양성에 심혈을 기울이고 있다. 앞으로도 속속 학위 취득자가 배출되어 자리매김을 잘 해 나가리라 기대해 본다.

금오 선사의 정화 원력은 더욱 남다른 바가 있었다. 정화 이념은 물리적인 힘으로 해결될 수 있는 것이 아니라는 데서 그 깊이가 더해진다. 스님은 늘 "정화란 언제나 멀리 밖에 있는 것이 아니니 마음에서는 불량한 마음의 때를 씻어 버리는 것이 곧 정화요, 몸에서는 일체비행(一切非行)을 고치는 것이 바로 정화이다."라고 말했다. 또 정화의 방법론에 대해서는 법의 우선성을 강조하면서 "참된 중이라면 정법을 수호하고 정법을 사유하여 중생에게 이로움이 돌아가게끔 해야 한다."고 말했다.

여기서 볼 수 있는 것은 '정화'는 각자 스스로의 마음을 깨끗이 하는 데서 출발해야 하며 삿되지 않은 정법이어야 한다는 점이다. 금오 선사는 정화가 단순히 대처승을 절에서 몰아내고 절을 차지하는 데만 그쳐서는 안 된다고 평소에 강조했는데, 실제로 정화 후 수행승들이 별반 달라진 것이 없다고 한탄하기도 하였다. 이러한 개탄은 공산의 메아리로 사라져 버리지 않고 후학들의 귓전에 항시 맴돌아 방일한 수행에 경책이 되곤 한다.

노스님의 수많은 직계 손상좌(孫上佐)들의 쉼없는 정진에 촉매 역할을 하는 것은 무엇보다도 앞에서 열거한 한두 가지의 수행자로서의 바른 가치 척도일 것이다. 이들뿐만이 아니라 한국의 많은 수행자들이 법다이 수행에 전념할 때 당래불인 미륵부처님이 이 땅에 충만하여 정도가 이룩될 것이다.

법주사 건축

지형과 가람의 터

한국의 건축은 하나의 건물 그 자체만으로도 가치가 있지만 건물과 건물, 건물과 자연 지형이 어우러져 전체를 이룰 때 비로소 더 큰 가치를 지닌다. 예를 들어 법주사 대웅보전 건물 자체는 마곡사 대웅전이나 화엄사 각황전과 비슷한 모양을 하고 있지만 법주사 대웅보전이 놓여지는 위치와 팔상전과의 관계, 뒷배경을 이루는 수정봉이나 관음봉과의 관계 속에서 다른 절의 2층 건물과는 다른 모습을 보게 된다. 따라서 법주사의 건축을 총체적으로 이해하려면 하나의 건물 자체보다는 전체의 배치와 아울러 절이 놓인 지형부터 이해해야 한다.

한국의 산은 점점이 솟은 독립된 산이 아니라 봉우리 봉우리가 연이은 산맥의 집합이다. 속리산 역시 하나의 봉우리가 아니라 여러 봉우리들이 연결되어 있고, 각 봉우리와 골짜기마다 명칭이 붙어 있다. 속리산은 이 밖에도 광명산, 자하산 따위의 8개의 다른 이름이 붙어 있다. 또한 8개의 봉우리, 8개의 대, 8개의 석문이 있다고 한다.

예컨대 8개의 대(八臺)는 문장대·신선대·학소대 등 도교적인 이름이 붙어 있고, 8개의 봉우리는 천황봉·비로봉·길상봉·문수봉 등 불교적 이름이 붙어 있다. 법주사뿐 아니라 속리산 전체가 부처들의 나라인 셈

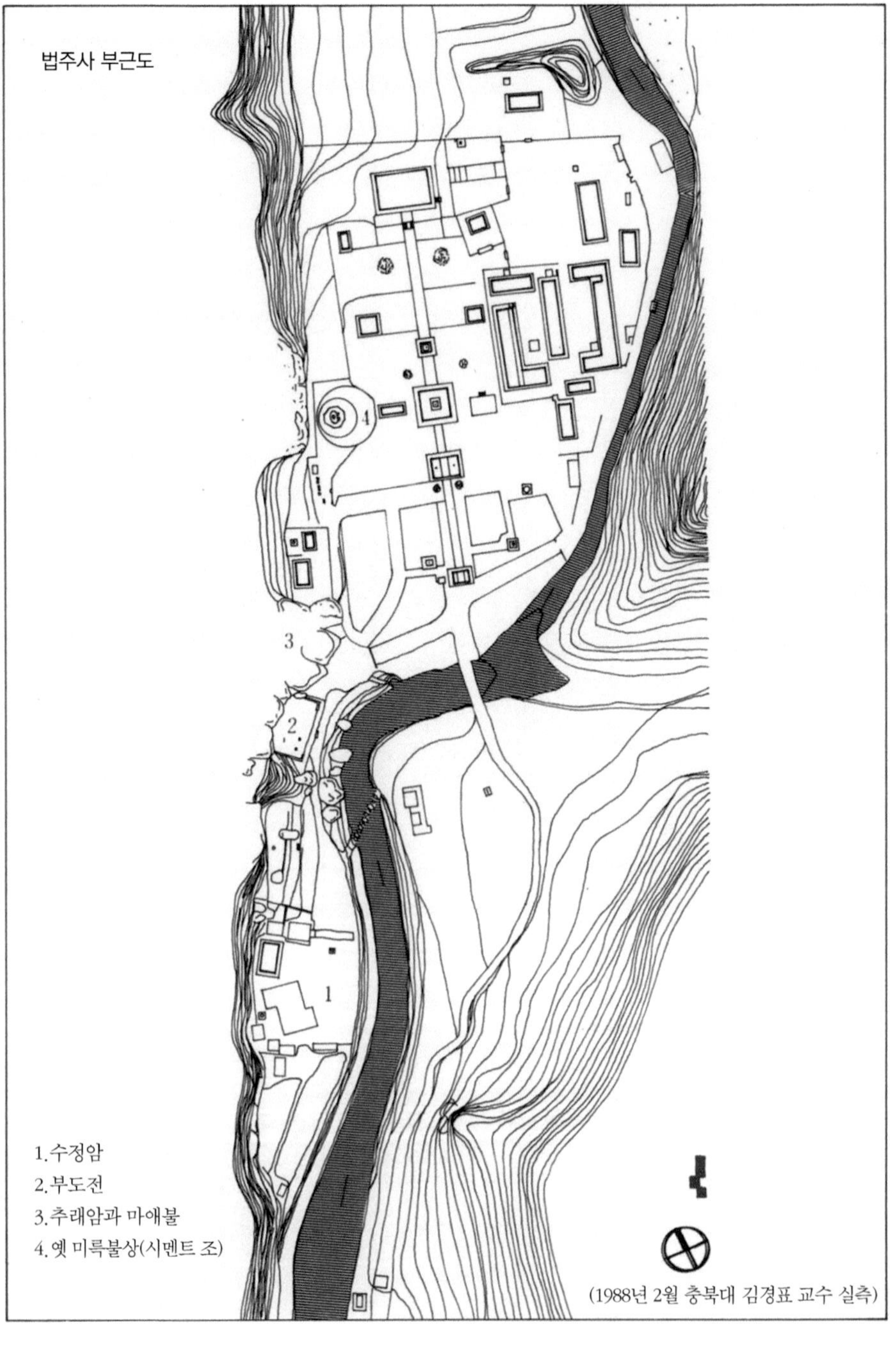
법주사 부근도
1
2
3
4
1.수정암
2.부도전
3.추래암과 마애불
4. 옛 미륵불상(시멘트 조)
(1988년 2월 충북대 김경표 교수 실측)

이다. 모든 지형 지물을 8개씩으로 범주화한 것 자체가 팔상전 또는 8정도의 '8'이라는 불교적 수 개념과 상통한다고 볼 수도 있다. 지리적으로는 8개의 대가 연꽃의 꽃잎처럼 감싸고 있는 불국토의 형국이라고도 해석되어 왔다.

법주사는 속리산 팔봉 가운데 수정봉과 관음봉을 잇는 주 능선의 동쪽 골짜기에 터를 잡았는데, 해발 1천 미터가 넘는 험한 산골에 드물게 펼쳐진 널찍한 평지를 택한 것이다. 이 터가 갖는 지형적 성격, 곧 수정, 관음의 두 봉우리와 평지는 가람 구조에 결정적인 영향을 미쳤다. 18세기 것으로 전해지는 '법주사도(정영복 소장)'에는 절의 건물들과 함께 용화보전 뒤에 수정봉이, 대웅보전 뒤에는 멀리 관음봉이 삐죽 솟아 있다.

다시 말하여 용화보전, 대웅보전 두 건물이 팔상전을 중심으로 직각의 축선 위에 배치되어 있는 구조는 두 봉우리가 직교하고 있는 지형을 따른 결과이다. 물론 여기에는 미륵 신앙과 화엄 신앙의 결합이라는 교리적 의도도 크게 작용했다. 어쩌면 법주사의 창건자는 그의 신앙적 내용을 가장 잘 구현할 수 있는 터를 속리산 속에서 찾다가 이 터를 골랐을 것이다.

가람의 배치 구조

미륵 신앙과 배치 구조

한국 사찰들의 배치 형식은 시대에 따라서, 신앙의 내용에 따라서 각기 다른 몇 개의 배치 형식을 갖는다. 예컨대 교종과 선종의 가람 형식이 다르고, 교종 안에서도 미륵계·아미타계·화엄계·법화계의 가람 형식이 서로 다르다. 물론 예외도 존재하고 서로 혼합되기도 하지만 각 가

법주사 종단면도

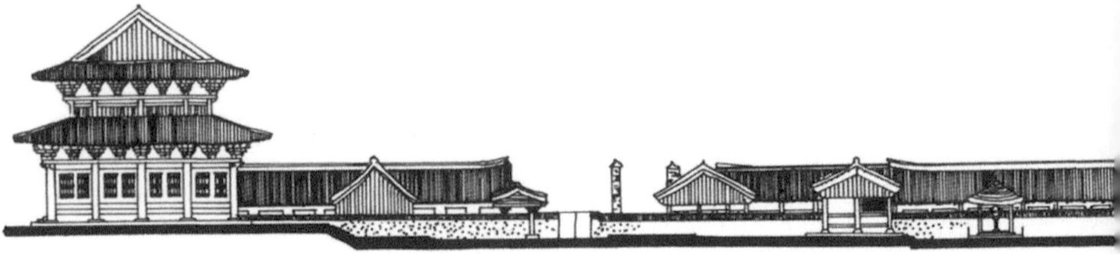

대웅보전 법화서점(옛 약사전) 쌍사자 석등

법주사 횡단면도

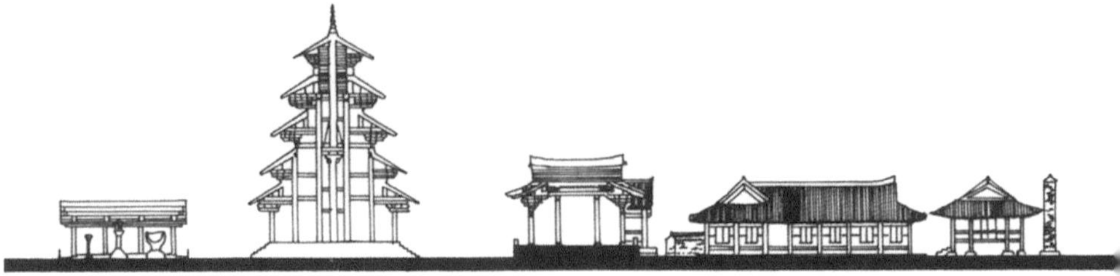

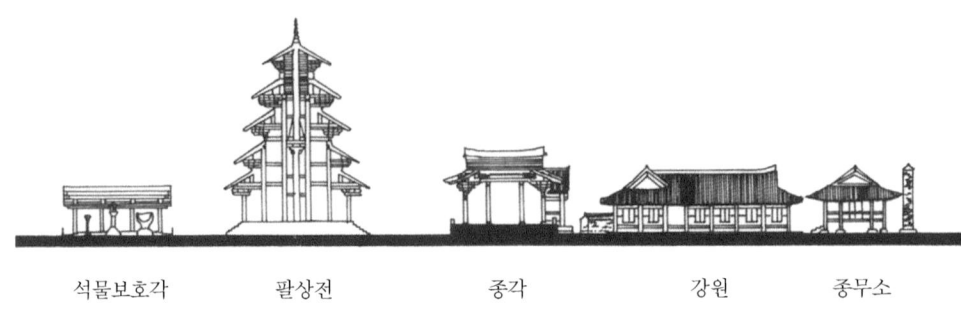

석물보호각 팔상전 종각 강원 종무소

(1988년 2월 충북대 김경표 교수 실측)

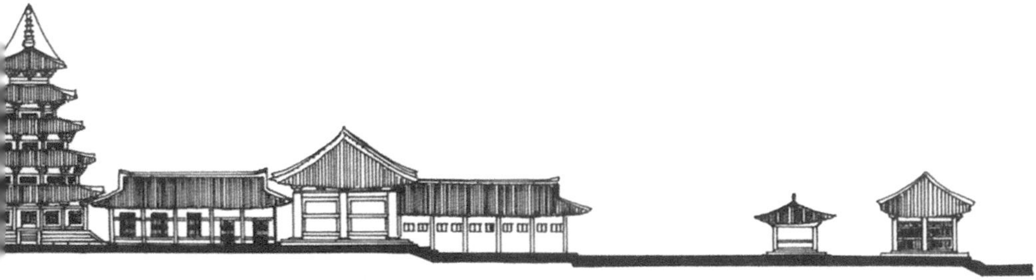

람 구조는 고유한 교리 체계와 깊은 연관을 맺어 왔다. 미륵계 사찰은 그 가운데에서도 가장 두드러지는 특징을 갖는다.

잘 알려진 대로 법주사는 김제 금산사, 대구 동화사, 금강산 발연사와 함께 미륵 신앙의 중심 도량이다. 이 밖에도 현재 밝혀진 법상종 또는 미륵 신앙의 사찰들로 중원의 미륵대원, 논산의 관촉사, 시대를 거슬러 오르면 익산의 미륵사터를 들 수 있다.

유구가 남아 있는 미륵계 사찰들을 분석해 보면 공통적으로 직선축상에 일렬로 주요 시설과 전각들이 배치되어 있음을 알 수 있다. 우선 백제의 미륵사터는 용화삼회(龍華三會)를 상징하듯 세 개의 가람이 나란히 배치되고, 각 가람은 정확한 중심축 위에 중문과 탑과 금당이 놓이는 일탑일금당(一塔一金堂)제로 구성되었다. 물론 백제의 사찰 대부분이 일탑일금당의 구성을 보이기 때문에 미륵계 사찰만의 형식이라고 단정하기는 어렵다.

그러나 미륵사가 백제 최고의 왕실 사찰이고, 백제 불교가 미륵 신앙을 바탕으로 하는 엄격한 계율학적 성격을 가졌다는 점으로 미루어 보

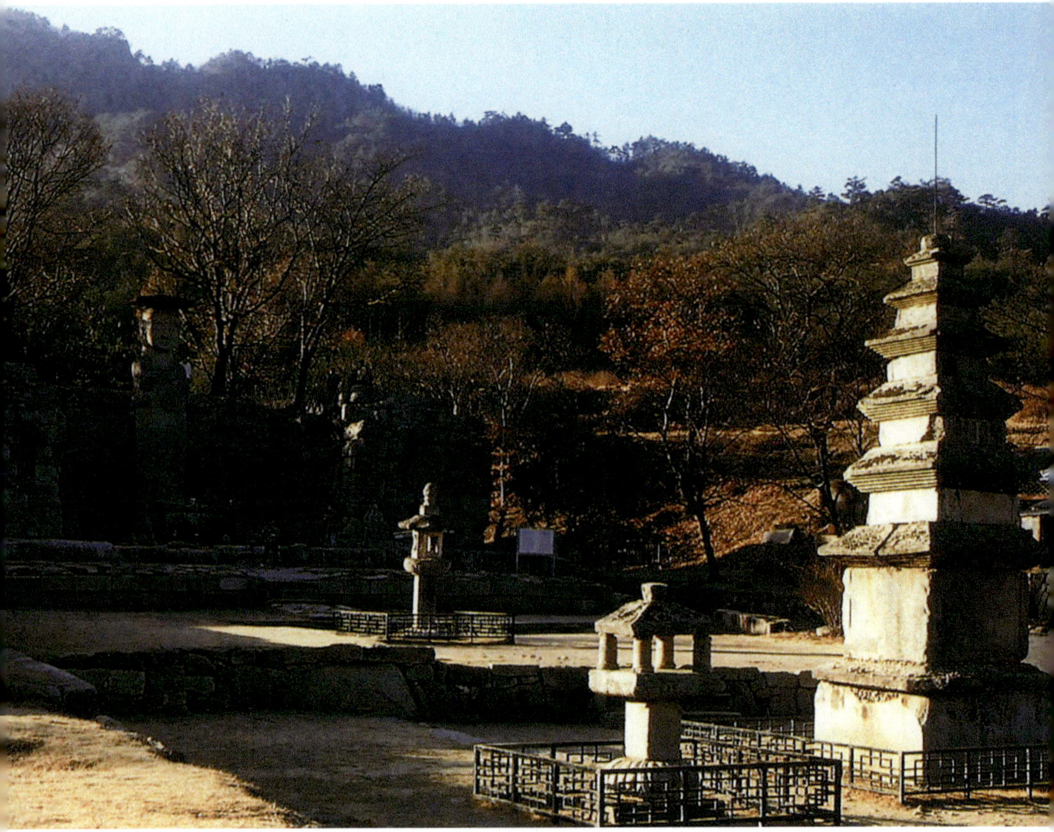

중원 미륵대원 전경　축성을 중시한 미륵 사찰의 전통은 고려시대까지 이어지는데, 중원 미륵대원의 경우는 반석굴 형식의 본전을 향해 중심축 선상에 석탑과 석등이 배열되었다.

아 일탑일금당제와 미륵 신앙은 밀접한 관계가 있는 것으로 짐작된다. 백제뿐 아니라 삼국이 모두 왕권 강화를 위해 계율학적 불교를 받아들였다는 점은 주지의 사실이다. 미륵 신앙의 전륜성왕(轉輪聖王) 사상이 왕권 강화에 도움을 주었고, 백제의 겸익이나 신라의 자장과 원광 등 초기의 유명한 스님들도 대부분 계율학을 추종했다. 삼국시대의 사찰들이 강렬한 중심축을 가지며 좌우 대칭의 기하학적 구성을 이루고 있다는 사실은 물론 시대적 특징으로 볼 수 있지만, 한편으로는 미륵 신앙과 엄격한 계율의 건축적 표상으로 해석할 수도 있다.

건축 배치의 구성 요소로서 중요한 것은 영역성, 중심성, 축성이다. 이 가운데 축성은 배치에 기하학적 질서를 부여하고 주요 불전과 부속 건물들과의 상하 위계를 잘 표현할 수 있다. 계율학의 엄격성을 수용하기에는 가장 우수한 도구이다.

축성을 중시한 미륵 사찰의 전통은 고려시대까지 이어진다. 중원의 미륵대원은 반석굴(半石窟) 형식의 본전을 향해 중심축 선상에 석탑과 석등이 배열되었다. 다른 건물들은 중심축에 평행이 되도록 한쪽에 놓여 중심축을 더욱 강조했다. 논산 관촉사도 유명한 은진 미륵을 향해 법당–석탑–석등이 일직선을 이루고 있다. 두 절 모두 둘러싸인 마당이 없어 영역성이나 중심성을 얻기보다는 오로지 중심 구성축의 강렬함에 지배되고 있다.

법상종의 대표 사찰인 법주사와 금산사의 현재 구조는 고려 시기에 조성된 것으로 추정된다. 이 두 절은 미륵 단독 신앙의 사찰이 아니라는 점에서 더욱 복합적인 구조를 갖는다. 금산사는 미륵전과 대적광전이, 법주사는 미륵불(예전에는 용화보전)과 대웅보전이 2개의 중심 불전을 이룬다. 뒤에 다시 말하겠지만 법주사 대웅보전은 실은 대적광전이라 불러야 정확할 것이다. 두 절은 똑같이 미륵 신앙과 화엄 신앙이 복합된 이중적 신앙 체계를 가지며, 이를 가람 배치에 구현한 것이 바로 지금의 구조이다. 즉 법주사는 화엄 신앙과 미륵 신앙을 모두 중요한 신앙적 핵심으로 하기 때문에 대웅전과 미륵불(용화보전)이라는 2개의 건축 중심을 설정해야 했으며, 각각의 중심은 강렬한 중심축을 갖고 두 시설은 서로 구성축을 직각으로 교차하면서 위치해 있다. 그 교차점에 5층 탑인 팔상전을 세워 두 축을 결합시켰다. 또한 2개의 구성축은 앞서 말한 대로 각기 수정봉과 관음봉을 향하고 있어 지형과 교리적 해석이 일치하는 뛰어난 성과를 거두었다.

미륵계 사찰 구성의 또 다른 특징으로는 연못과의 관계를 들 수 있다. 미륵 신앙과 한국 전래의 용(龍) 신앙과의 관련성은 김삼룡 박사에 의해 지적된 바가 있다. 곧 전래의 '미리, 미르('용'의 우리말)' 신앙이 수입된 미륵 신앙에 습합(習合)되었다는 지적이다. 따라서 익산 미륵사, 금강산 발연사, 달성 유가사, 충무 용화사 등 대표적 미륵 사찰들의 입지가 연못을 메우고 조성되었거나 인공적인 연못 모양의 구조물을 만들어 미륵불전 앞에 놓았다. 기록으로 전하는 금산사의 석연지, 백제 대통사지의 석연지 그리고 법주사의 석연지 역시 용화보전(미륵전) 앞에 놓여졌던 시설물이었다.

18세기의 법주사 그림에는 팔상전과 용화보전을 잇는 축선상에-석연지-석등 희견보살상이 일렬로 놓인 모습이 뚜렷하다. 각 시설물들의 의미도 그러하지만 탑-석물-불전을 잇는 구성축을 다시 강조하려는 것이 배치 의도였다. 법주사의 정각 스님은 이 가운데 희견보살상이 실제는 가섭존자상이 아닌가 하는 의문을 제기하고 있는데, 이것은 상당히 타당성이 있다고 생각한다.

희견보살은 아미타 신앙 체제 안의 존재로 굳이 용화보전을 향해 놓일 이유가 없다. 경전에 의하면 석가의 수제자인 가섭은 미륵불이 하생할 때까지 열반하지 않고 용화 세계가 도래할 때 가사(옷)와 발우(그릇)를 미륵불에게 바치라는 수기를 받았다. 이 돌조각은 여벌의 가사를 걸치고 발우를 머리에 이고 있는 경전 그대로의 모습이다. 만약 이것이 가섭존자상이라면 탑-석연지-가섭상-석등-미륵전으로 이어지는, 구성축이 완벽한 용화 세계를 구축한 것이다.

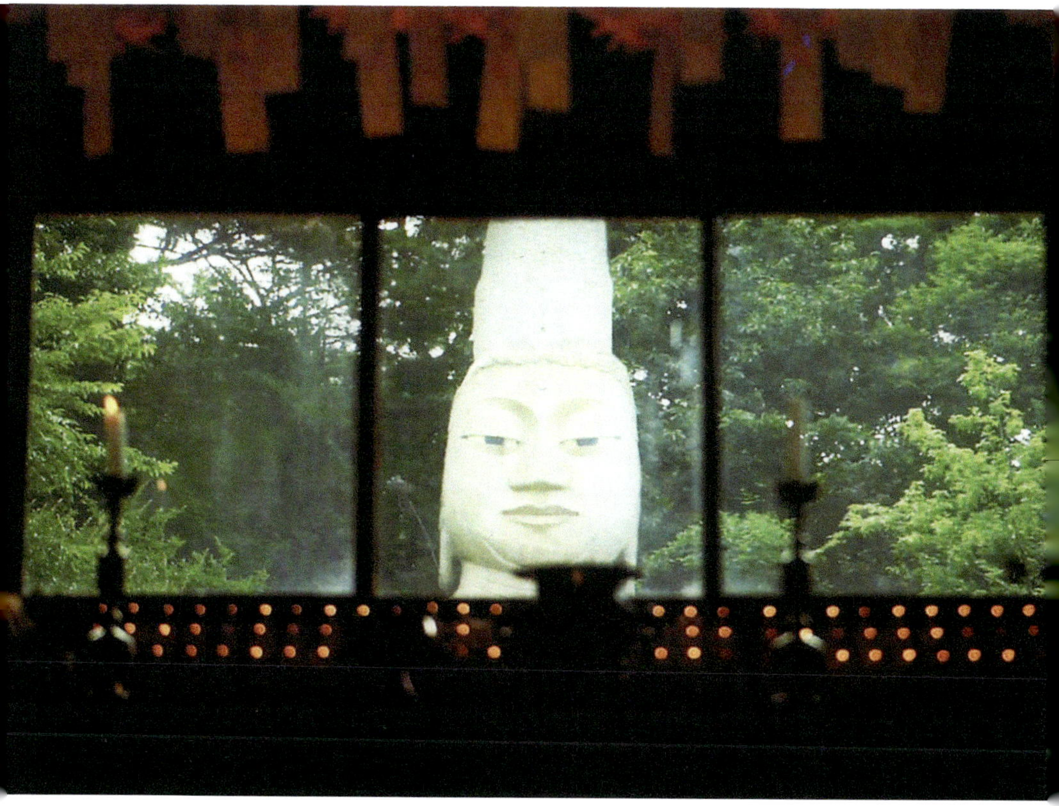

논산 관촉사 법당에서 바라본 미륵불상 논산 관촉사는 은진 미륵을 향해 법당-석탑-석등이 일직선을 이루고 있다. 또한 둘러싸인 마당이 없어 영역성이나 중심성을 얻기보다는 오로지 중심 구성축의 강렬함에 지배되고 있다.

가람 구성의 역사

창건 당시의 가람 구조를 추론하기란 그리 간단한 일이 아니다. 사찰이란 끊임없이 변해 온 유기체이며, 현재의 모습은 그 살아 있는 시간의

축적된 단면만을 보여 주고 있는 것이기 때문이다. 한국 건축 전반에 걸쳐 공통된 현상이지만 17세기 이전의 건축에 관한 기록은 거의 남아 있지 않다. 단지 창건에 관여한 진표 또는 영심 스님이 독실한 미륵 신앙의 신봉자였다는 사실과 통일신라 후기의 일반적인 가람 배치의 구조를 통해 창건 당시의 모습을 유추해 볼 수밖에 없다.

창건기 가람의 중심은 아무래도 용화보전에 놓여졌다고 보는 것이 타당할 듯하다. 왜냐하면 용화보전이 기대어 자리 잡은 뒤편 수정봉은 가람 전체와 가깝지만 대웅보전 뒤의 관음봉은 거리가 상당히 떨어져 있어 지형적 조건에서부터 수정봉이 가람의 주산이 되었을 가능성이 크기 때문이다. 또 창건 당시부터 사적기에 전하는 60여 동의 건물이 건축되었다고 보기는 어려워 처음에는 용화전 일곽만을 형성한 것으로 추정할 수 있다. 팔상전의 기단부와 석연지·석등 들의 수법은 신라 후기의 것이며, 원통보전의 기단과 계단 축조 수법 역시 팔상전과 동일해 용화보전을 비롯하여 이 건물들은 창건 당시의 것으로 볼 수 있다. 이는 당시 일반적 가람 형식인 일탑일금당 형식으로 구성한 것이다. 그러나 이렇게 되면 진입 방향이 현재와는 직각으로 되어 동쪽에서 진입해야 타당한데, 이것은 지형의 여건과 주변 교통로 체계와 맞지 않으므로 더욱 연구해 보아야 할 것이다.

대웅보전 일곽의 기단부는 고려시대의 것으로 보인다. 그렇다면 고려 중기에 이미 현재의 가람 구조가 조성된 것으로 추정할 수 있다. 고려 중기의 권력자 김부식이 지은 속리사점찰법회소에 전하는 내용으로 미루어 보아 현 대웅보전 일곽을 확장하여 또 한번의 중흥을 이루었던 것으로 보인다. 그러나 용화보전 일곽이 여전히 법주사의 신앙적 중심을 이루고 있었다는 사실은 13세기 초에 박효수가 남긴 다음의 시구에서 감지할 수 있다.

용이 탑 속으로 돌아가니 사리가 남아 있고,
노새는 바위 앞에 누워 성스런 자취를 찾네
우리나라를 복되게 하실 이 그 누구인가
산호전 위에 계신 자금색 부처님이시네.

물론 이 시에서는 그 당시 법주사 가람 전체를 묘사한 것이 아니라 가장 중요한 부분만을 읊었을 것이다. 위 시구의 첫 행은 내부 공간을 가진 목탑을, 둘째 행은 현 능인전 옆 추래암의 마애불상과 조각을, 넷째 행은 용화보전(산호전)과 그 안에 있는 미륵불의 존재를 묘사한 것이다. 이 시구에서도 여전히 미륵 신앙과 용화보전 일곽의 신앙적 건축적 위계가 우위에 놓여 있었던 당시의 가람 구조를 유추할 수 있다.

현존하는 『법주사사적』이 최초로 쓰인 것은 1630년의 일이다. 여기에는 임진왜란 이전 조선 초기에 있었던 건물들이 기록되어 있다. 건물 60여 동, 석조물 10여 점, 암자 70여 개소가 기록되어 대단한 규모였음을 증명한다. 그 가운데 예불용 전각 등 중요 건물만 발췌하면 다음과 같다.

대웅대광명전(2층 28칸)
산호보광명전(2층 35칸)
팔상오충전(36칸)

비로전(17칸)	약사전	극락전(6칸)
원통전(6칸)	지장전	연경전
영산전	도솔전	응신선
대양문(7칸)	천왕문	조계문
해탈문	동행랑	서행랑

'법주사도(정영복 소장, 18세기)'에 나타난 건물 배치도

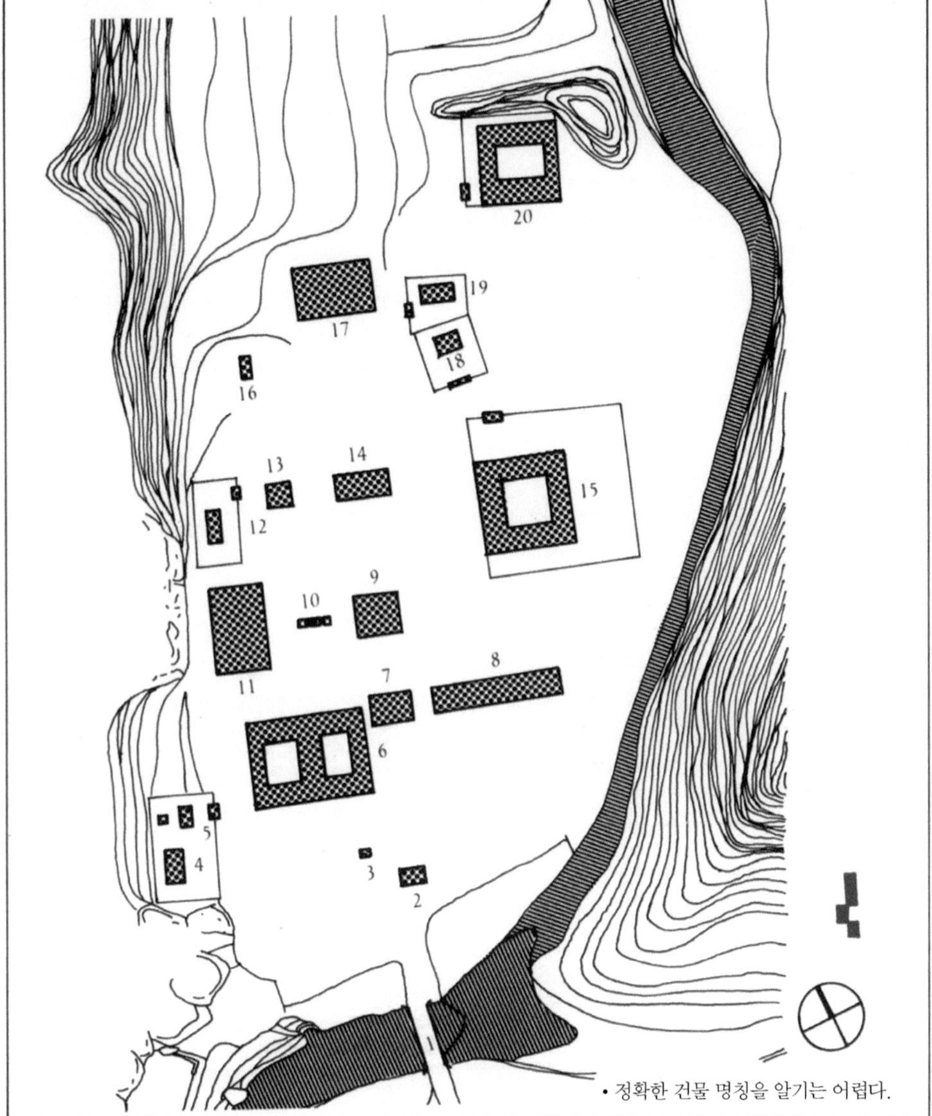

• 정확한 건물 명칭을 알기는 어렵다.

1. 수정교(무지개다리)
2. 금강문(?)
3. 당간
4. 노전
5. 사리각과 세존 사리탑
6. 승방
7. 해탈문
8. 동행랑
9. 팔상전
10. 석연지·석등·회견보살상
11. 용화보전
12. 노전(?)
13. 원통전
14. 극락전
15. 승방
16. 명부전(?)
17. 대웅보전
18. 선희궁 원당
19. 노전
20. 승방(?)

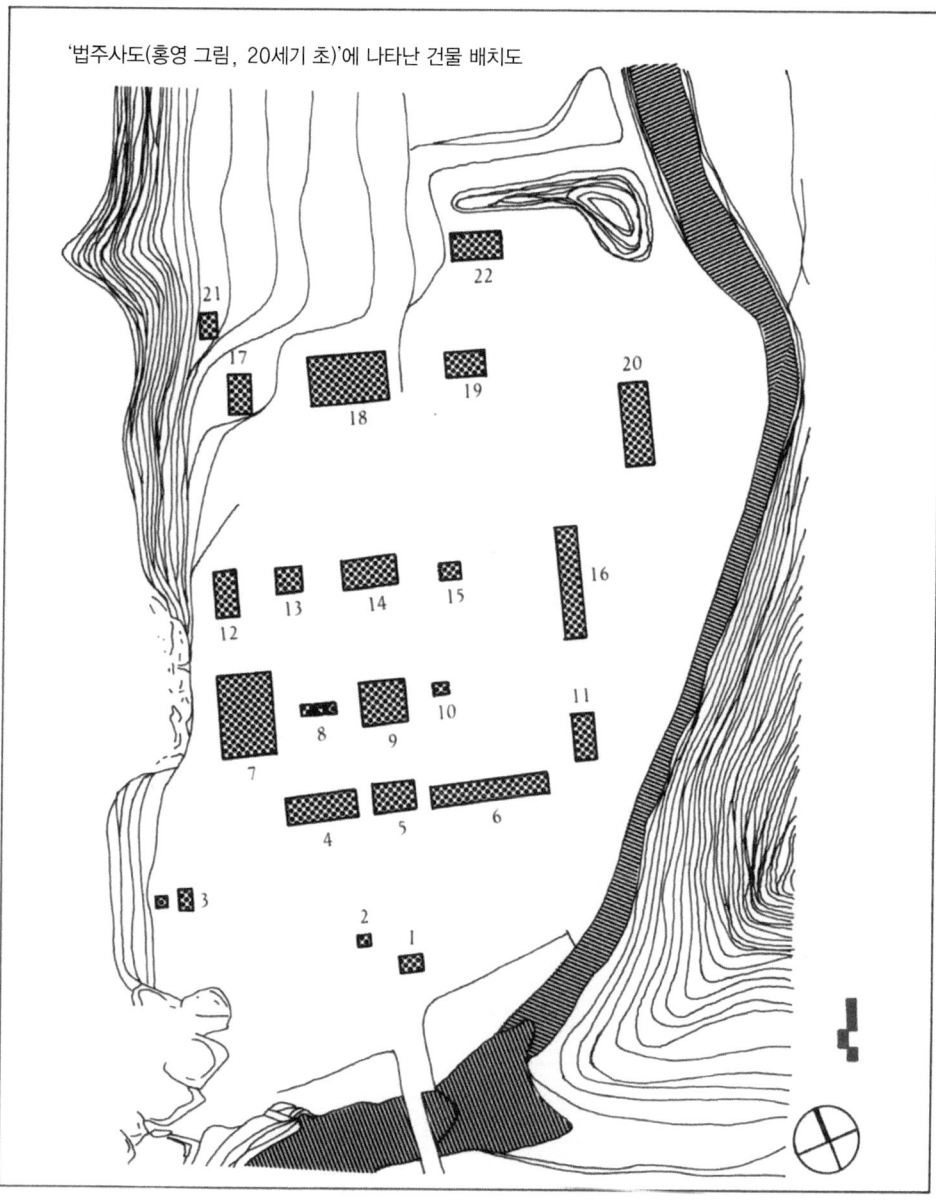

'법주사도(홍영 그림, 20세기 초)'에 나타난 건물 배치도

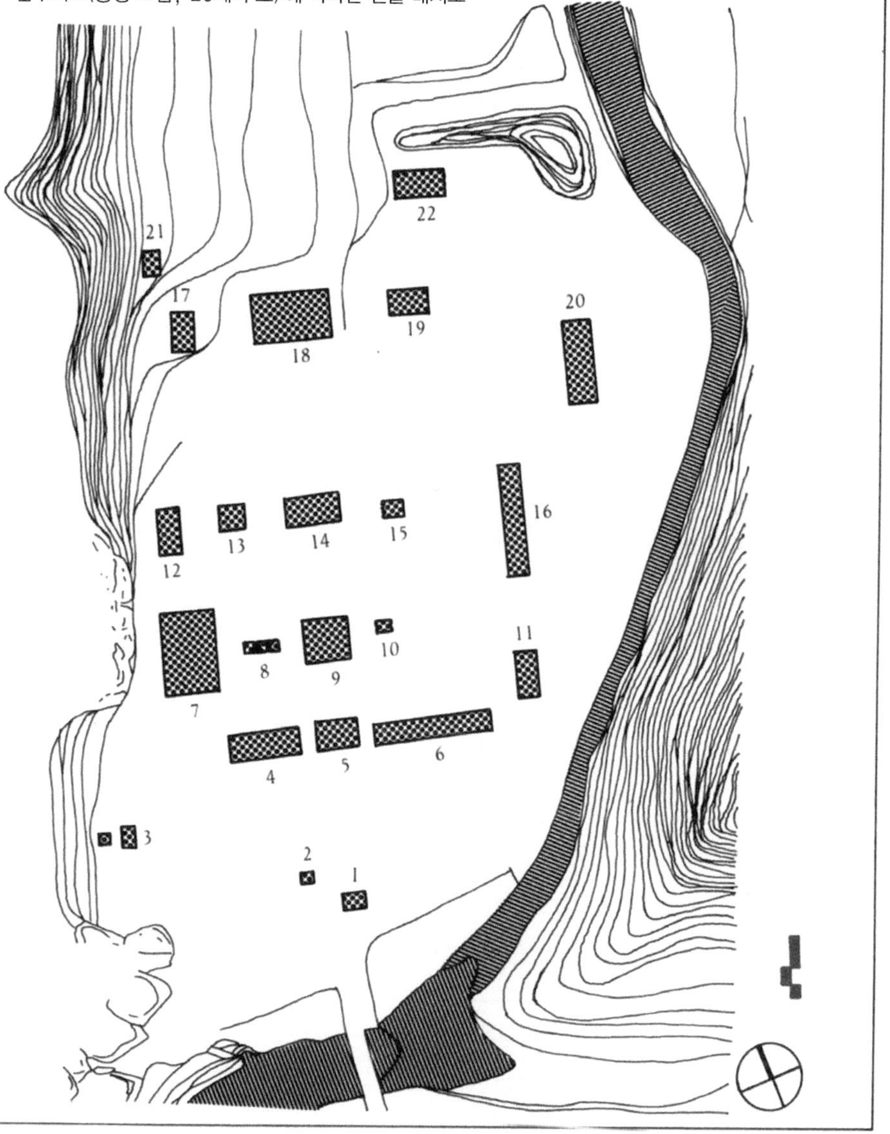

1. 금강문
2. 철당간
3. 사리각과 부도
4. 범음료
5. 천왕문
6. 행랑
7. 용화보전
8. 석등
9. 오층전
10. 광명등
11. 연월료
12. 향로전
13. 원통전
14. 극락전
15. 약사전
16. 선당
17. 시왕전
18. 대웅전
19. 향로전
20. 향적전
21. 영자전
22. 연경전

이 기록만으로 배치 구조를 알 수는 없지만 법상종 고유의 구성에서 이미 다른 여러 신앙 체계가 습합된 대규모 통불교 가람으로 바뀌었음을 알 수 있다. 그러나 임진왜란으로 가람의 모든 건물이 불에 탄 것으로 보이며, 1624년 벽암 선사의 일대 중창에도 불구하고 복구된 건물의 수는 20여 동에 불과했던 것으로 전해진다.

이후의 기록으로는 18세기의 '법주사도'와 1920년대 호영 스님이 그린 또 하나의 '법주사도'가 전해진다. 두 그림 모두 용화보전보다는 대웅보전 일곽을 더욱 부각시키고 있으나 앞의 그림이 훨씬 입체적이어서 당시 전각들의 위치와 형상을 어느 정도 짐작케 한다. 현재와 다른 점으로는 천왕문 서쪽에 쌍 ㅁ 자의 커다란 요사채와 천왕문 동쪽에 긴 행랑채가 있었고, 승방 부분은 완전히 달랐다는 점이며, 무엇보다도 팔상전과 대웅보전 사이에 극락전이 있었다는 점이다. 당시에는 팔상전과 용화전 일곽이 지금보다는 훨씬 폐쇄도가 높은 마당을 가졌다는 이야기가 된다. 호영 스님의 그림은 상상 복원도에 가깝다. 왜냐하면 1878년에 파괴된 용화보전이 그려져 있고, 당시에 존재했던 옛 조사각 일곽은 빠져 있기 때문이다. 또한 모든 건물들을 팔작지붕 집으로 묘사한 점 역시 사실과는 다르다. 반면 팔상전은 물론 용화보전·대웅보전·원통전 등 네 건물의 지붕 용마루에 모두 뾰족한 상륜부를 그려 넣었는데, 네 건물을 탑과 같은 수직적인 형상으로 파악한 것이 재미있다.

『조선고적도보』에 20세기 초 촬영한 전경 사진이 수록되어 있는데, 용화보전은 물론 미륵불상도 보이지 않지만 극락전의 모습은 뚜렷이 보인다. 1960년대에 들어 미륵불상이 시멘트로 만들어지고 극락전이 철거되는 등 가람 구조에 변화가 생겼으며, 1970년대에는 대대적인 승방 신축 바람이 일어 현재의 승료들이 이때 건축되었다. 당시의 배치 구조는 다행히 1988년에 충북대 김경표 교수팀이 실측하여 도면으로 남겼다.

법주사 배치도

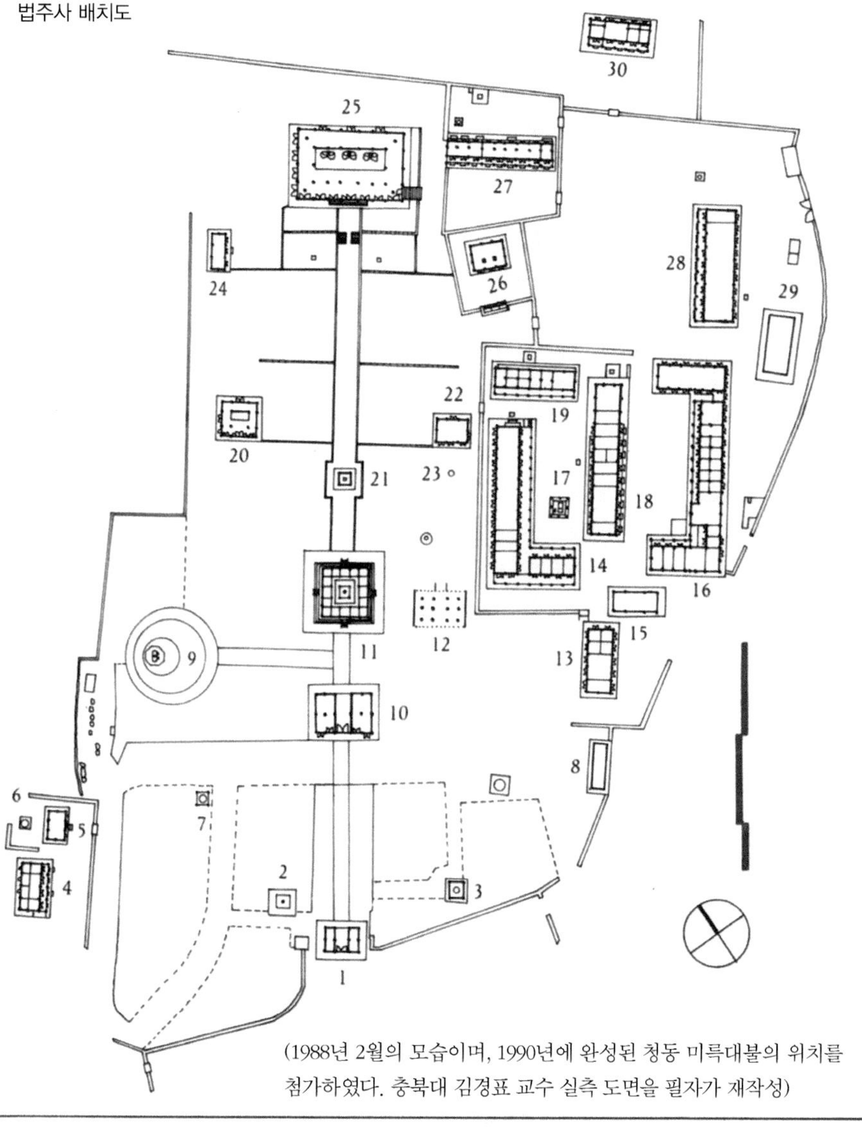

(1988년 2월의 모습이며, 1990년에 완성된 청동 미륵대불의 위치를 첨가하였다. 충북대 김경표 교수 실측 도면을 필자가 재작성)

1. 금강문
2. 철당간
3. 철확
4. 사리각
5. 능인전
6. 세존 사리탑
7. 석연지
8. 변소
9. 청동 미륵불과 용화전
10. 천왕문
11. 팔상전
12. 종각(四物 보관)
13. 종무소
14. 강원
15. 목욕실
16. 승방
17. 수각
18. 동요사
19. 북요사
20. 원통보전
21. 쌍사자 석등
22. 법주서점
23. 석등
24. 산성각
25. 대웅보전
26. 옛 조사각
27. 총지선원
28. 요사
29. 도서관
30. 염화실

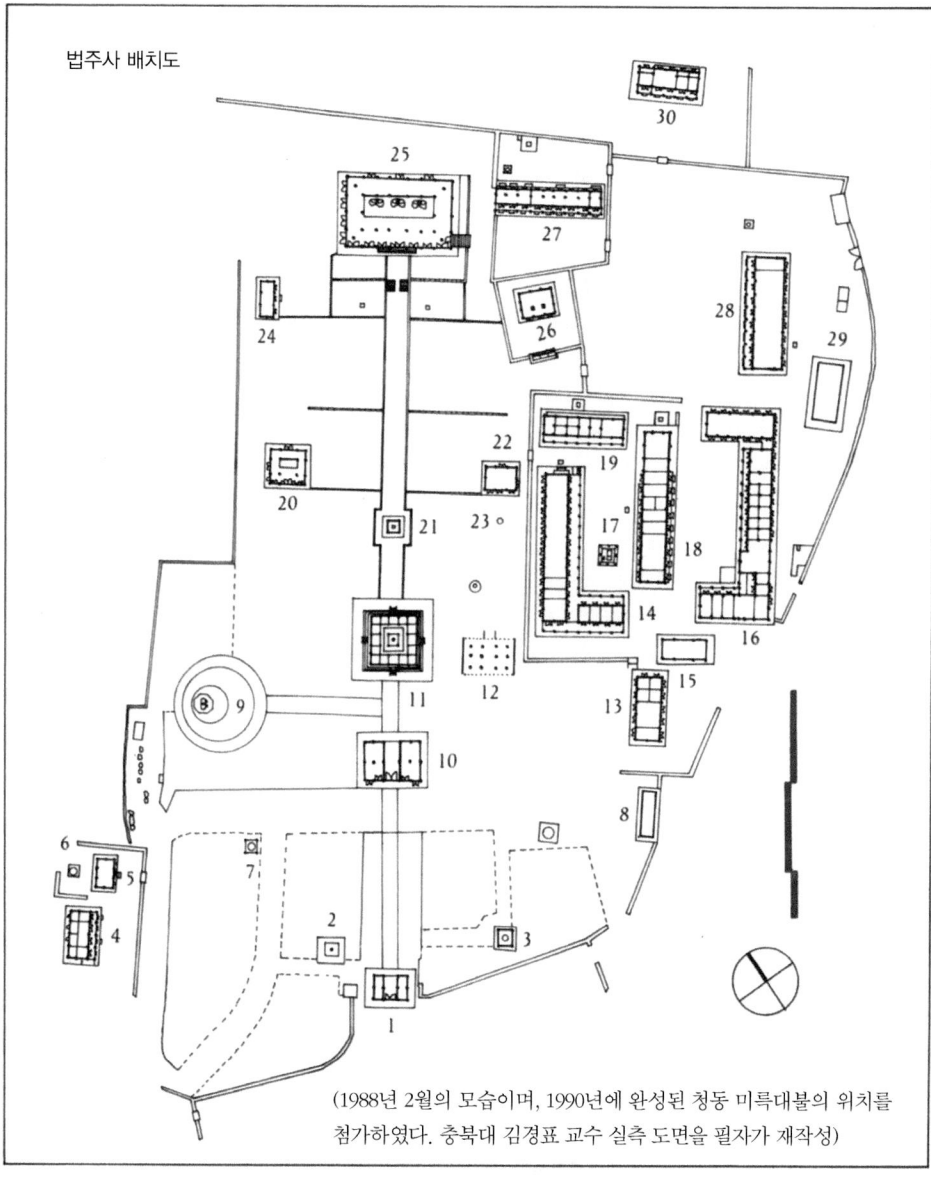

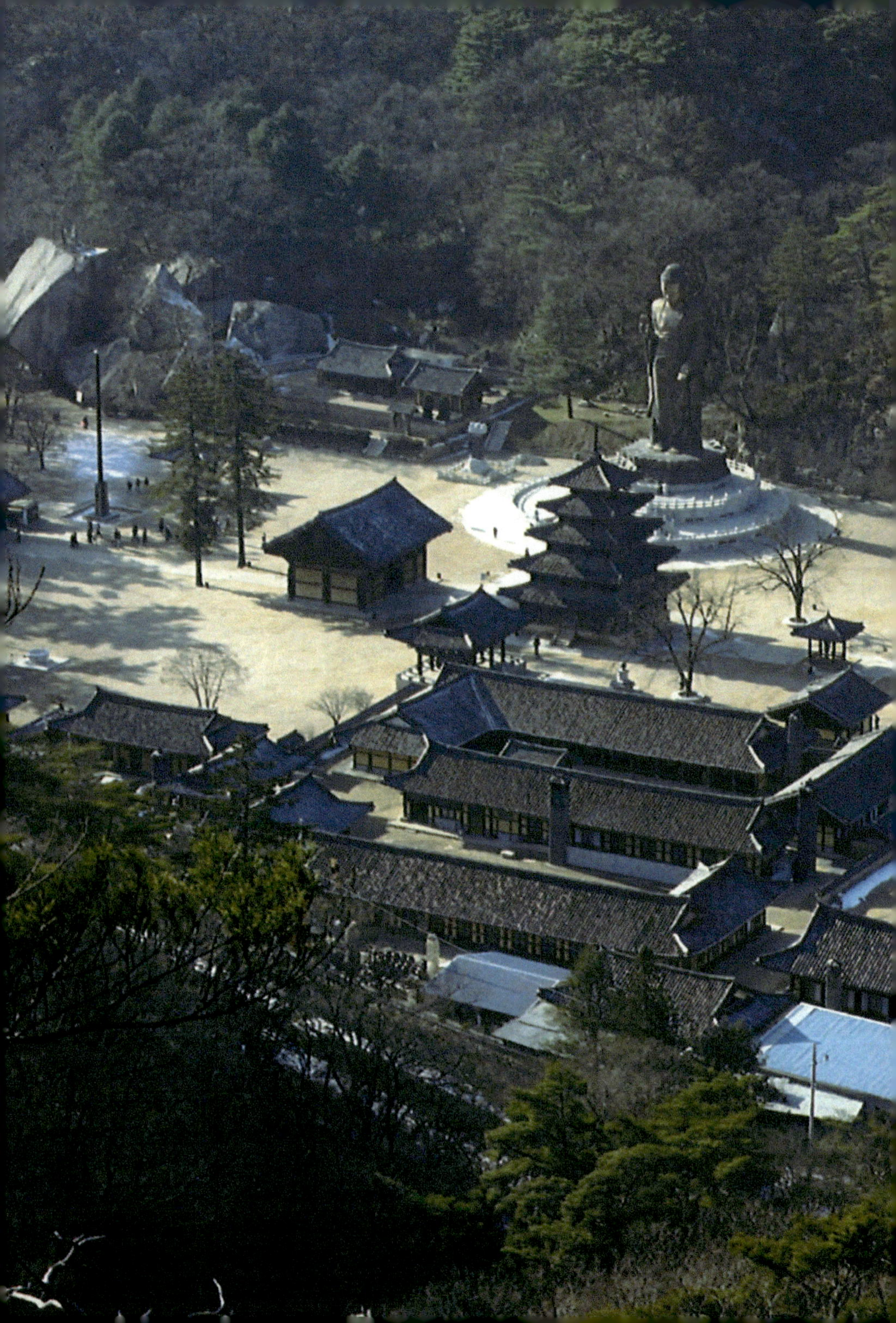

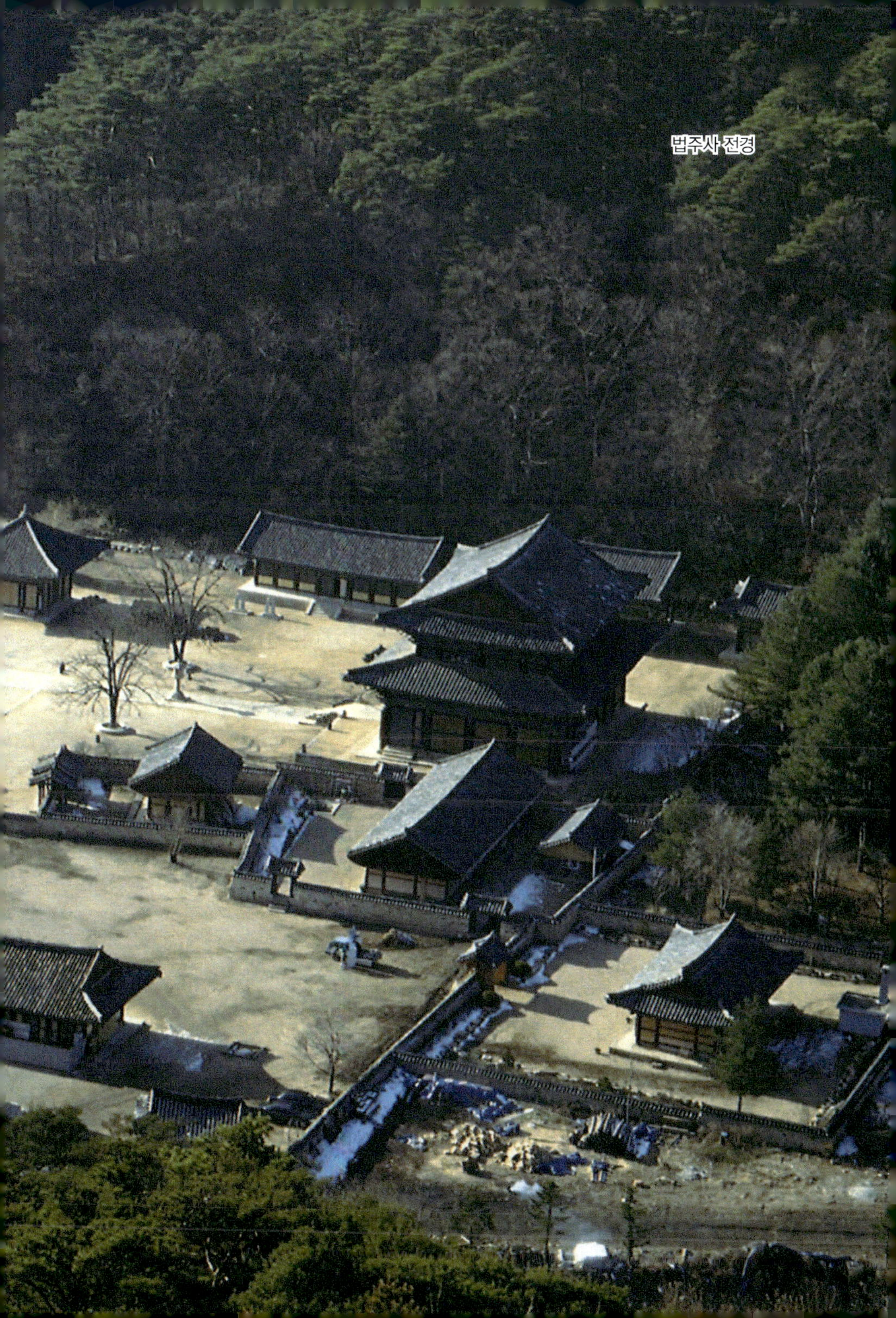

법주사 전경

현재와 같은 모습은 1990년에 청동 대불을 완성하면서 이루어졌다. 우선 청동 대불의 위치는 옛 용화보전 자리의 남쪽으로 옮겨졌다. 이는 미륵불상이 팔상전에 가려서 잘 보이지 않게 되는 경우를 고려해 선정한 위치겠으나 이전의 가람 구조를 왜곡시켰고 전체적인 질서를 흐트러뜨렸다. 게다가 석연지와 희견보살상 석등의 위치를 모조리 옮김으로써 기존의 미륵 신앙축은 완전히 사라져 버렸다.

이제 법주사에는 대웅보전을 향한 단일 구성축만 존재한다. 마당은 휑하게 되었으며 대웅보전의 형상만이 강조될 뿐이다. 이러한 결과가 신도들과 관광객 급증에 따른 또는 불교의 현대적 변화에 따른 것일지는 모르겠으나 법주사의 거대한 미륵불은 이제 가람의 주인 자리에서 밀려나 단순한 신앙의 오브제(Objet)로서만 남게 되었다. 1990년대 법주사에서 과거에 법상종 사찰이 가졌던 치밀한 배치 구조의 질서를 찾는다는 것은 불가능한 일이다. 기능적 필요만 충족시킨 기다란 대형 승방들과 국보와 보물로 지정된 우수한 건물들이 단지 점과 점으로만 존재할 뿐이다.

건물들

팔상전(捌相殿, 국보 제55호)

우리나라에 유일하게 남아 있는 목탑으로 유명하다. 화순 쌍봉사 대웅전이 원래는 3층 목탑이었지만 1980년대에 불타 버려 최근에 다시 복원되었다. 고려시대까지만 해도 유명한 황룡사 9층 탑을 비롯해 기림사의 3층 목탑까지 크고 작은 목탑들이 전국에 건립되었다. 그러나 대부분이 몽고의 침입과 임진왜란 때 불타 버렸기 때문에 팔상전은 우선 그 희귀성에서 큰 가치가 있다.

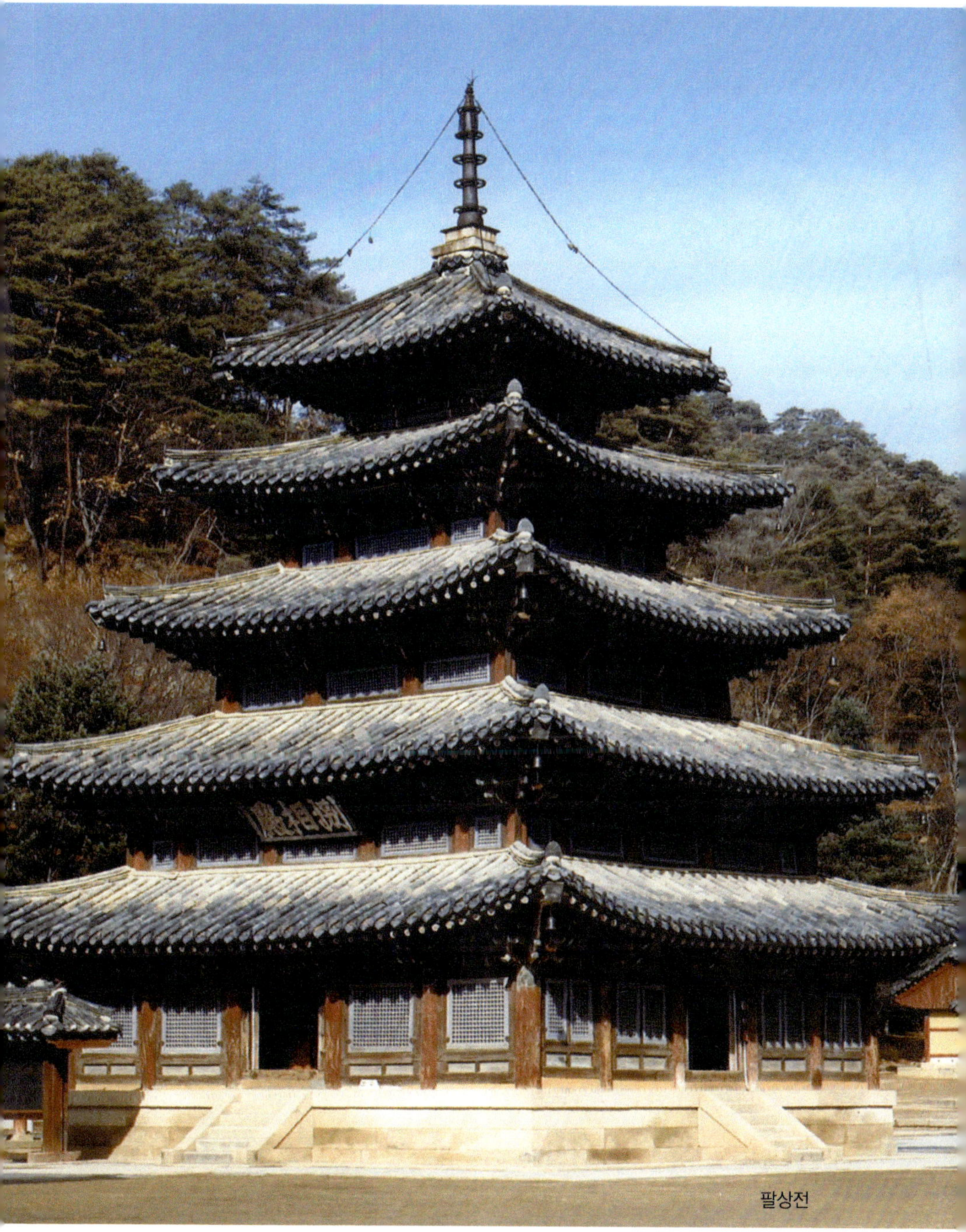

팔상전

팔상전 입면도

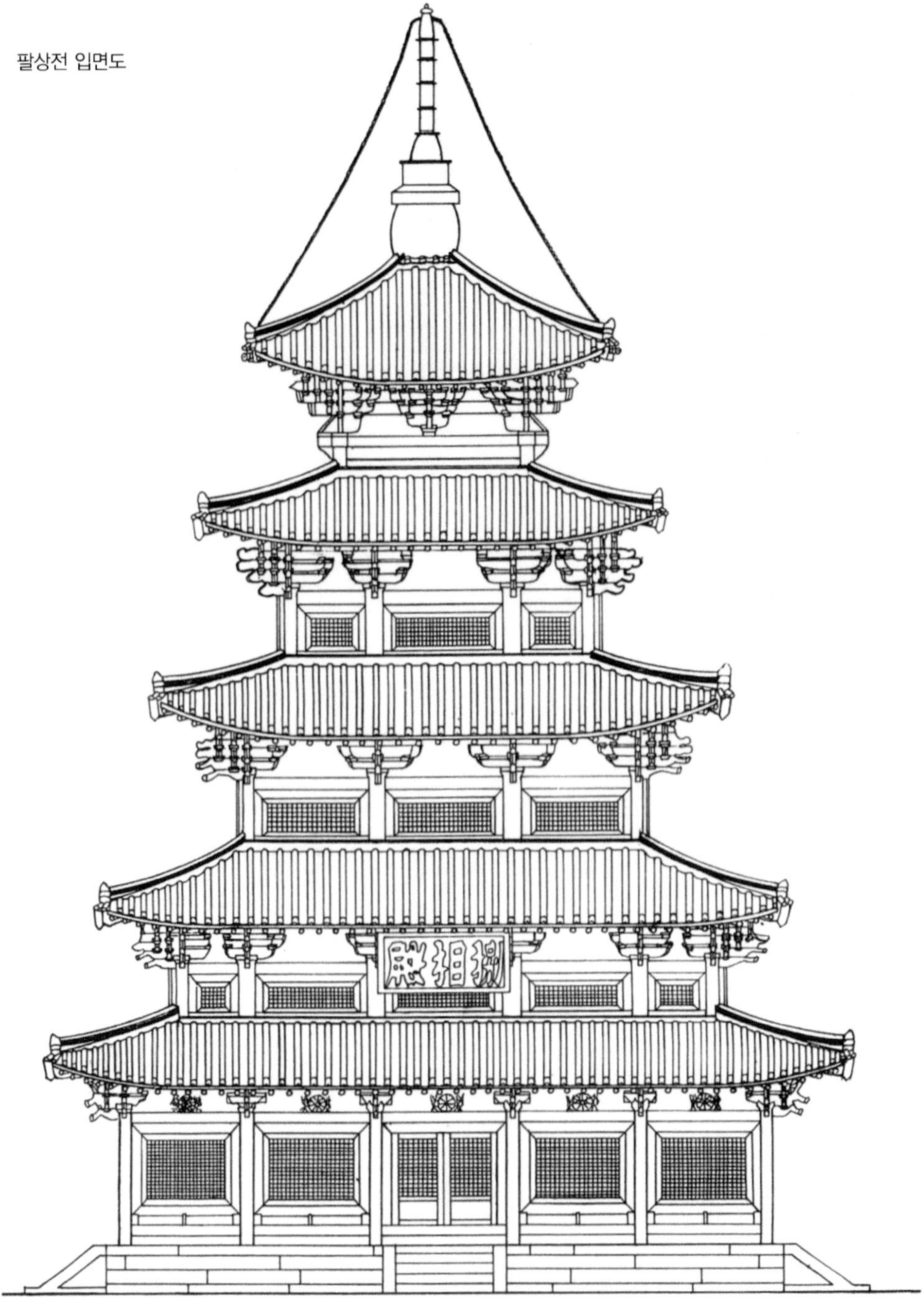

팔상전 단면도

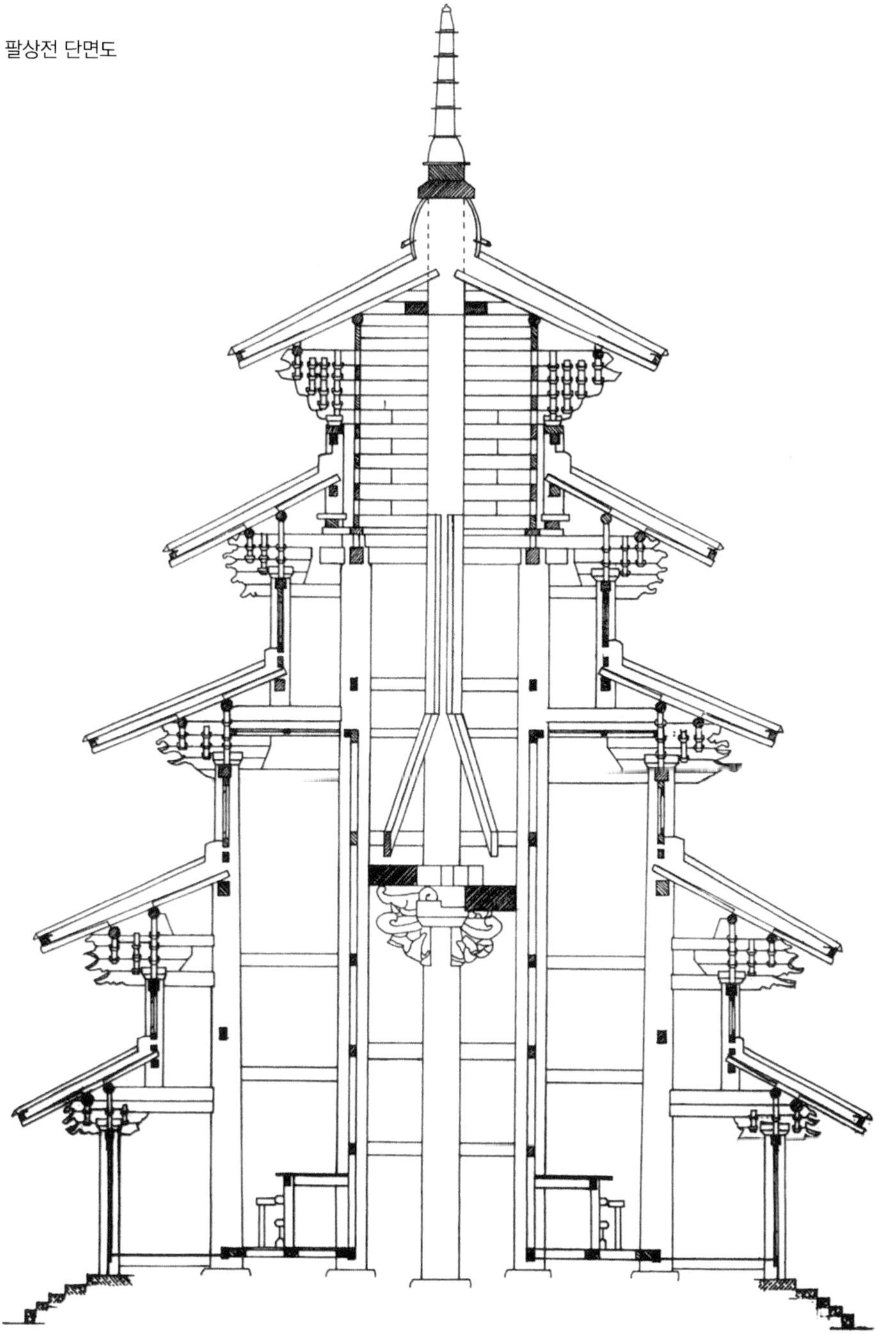

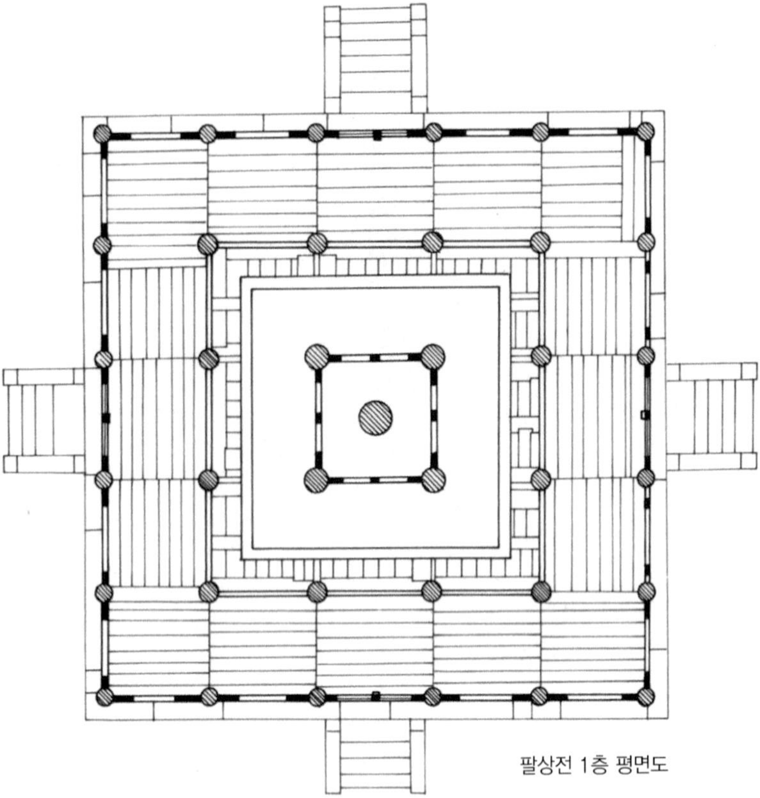

팔상전 1층 평면도

이 탑 역시 임진왜란 때 불타버린 것을 1605년에 공사를 시작하여 1626년 완공을 보았으며 사명당 유정 대사가 복원 공사를 지휘한 것으로 알려져 있다. 여기서 착공부터 완공까지 22년이 걸렸다는 기록에 유의할 필요가 있다. 웬만한 목조 건축의 시공 기간은 1년이면 충분하기 때문이다. 이 기록을 그대로 믿는다면 당시의 경제적 여건 악화로 인해 착공 뒤 공사가 지지부진하게 간헐적으로 시행되었다고 볼 수밖에 없다. 이 추론을 입증이라도 하듯 5층 탑의 구조 수법은 각 층마다 다르게 나타나고 있다. 1층은 1출목의 주심포 형식, 2층부터 4층까지는 2출목의 주심포로 동일하지만 2층과 3층의 추녀와 귀포 구조법이 서로 다르며, 5층은 3출목의 다포 형식이다.

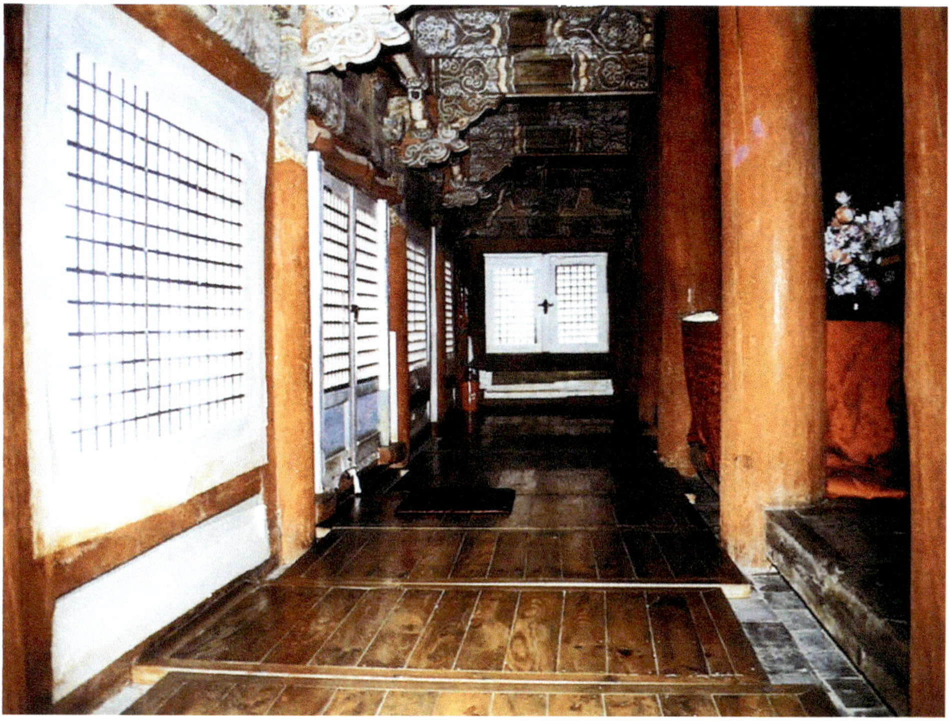

팔상전 내부 공간 목탑의 장점은 내부 공간을 가질 수 있다는 것이다. 3층까지 하나의 공간으로 트여 중심 간 주위를 순회할 수 있는 내부를 가진다. (위, 오른쪽)

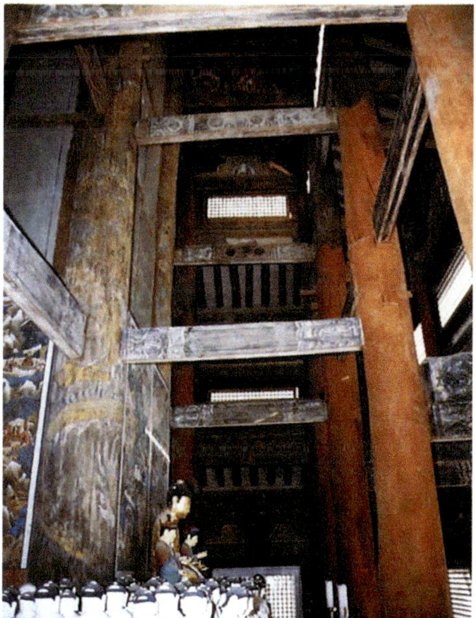

정사각형의 2단 월대(아래층 월대는 땅에 묻혀 있음.)와 4면의 계단은 창건 때의 것으로 보인다. 특히 통돌을 직선으로 다듬은 계단 소맷돌이 눈에 띈다. 사방 5칸의 규모로 한 층 올라갈 때마다 양 끝 칸이 반 칸씩 줄어들어 5층은 단칸이 된다. 각 층의 면적이 위로 갈수록 급격히 줄어들어 전체의 형상은 매우 안정감 있게 보인다. 그러나 이러한 모습이 정통적인 목탑의 형상은 아니다. 굳이 예를 들자면 일본 호류우지의 5층탑과 같이 아래층과 꼭대기 층의 규모가 크게 변하지 않는 수직적인 형태가 목조 탑파의 규범으로 여겨진다. 기단부를 발굴해 보아야 알 일이지만 법주사 팔상전 역시 원래는 사방 3칸의 수직적 형상의 목탑이 아니었을까 생각된다. 왜냐하면 1층은 바깥 기둥들이 기단의 끝에 얹혀 기단 윗면의 여유가 없으며, 초석을 설치하지 않고 기단 윗돌 위에 기둥을 바로 얹은 수법 역시 지극히 편의적이기 때문이다.

아마도 원래 사방 3칸 규모에 맞는 기단 위에 무리하게 5칸 규모로 중창한 결과 안정된 구조와 편리한 시공은 해결되었으나 정통적인 목탑의 형상을 구축하는 데는 실패한 것이 아닐까 생각된다. 모든 수법이 5층 건물을 구축하는 방식으로 사용되어 목탑 특유의 구조적 긴장감과 수직적 형상을 얻지 못했다. 그러나 당시 전쟁 직후의 사회·경제적 여건을 고려한다면 이만한 성취도 대단한 것으로 인정해야 한다.

탑 중앙에 꼭대기까지 받치는 중심 찰주를 세우고 그 주위에 4층까지 이르는 4개의 하늘기둥을 세웠으며, 다시 그 외곽으로 12개의 높은 기둥을 세워 3층까지 지지했다. 높은 기둥들 사이에 직선형의 가는 보들을 연결해 구조적 안정을 꾀했다. 4층까지는 각층 벽에 기둥을 세우고 창을 달아 내부에 빛을 유도하였지만, 5층은 기둥 없이 공포들을 올려 지붕을 이루었다.

목탑의 장점은 내부 공간을 가질 수 있다는 것이다. 3층까지 하나의

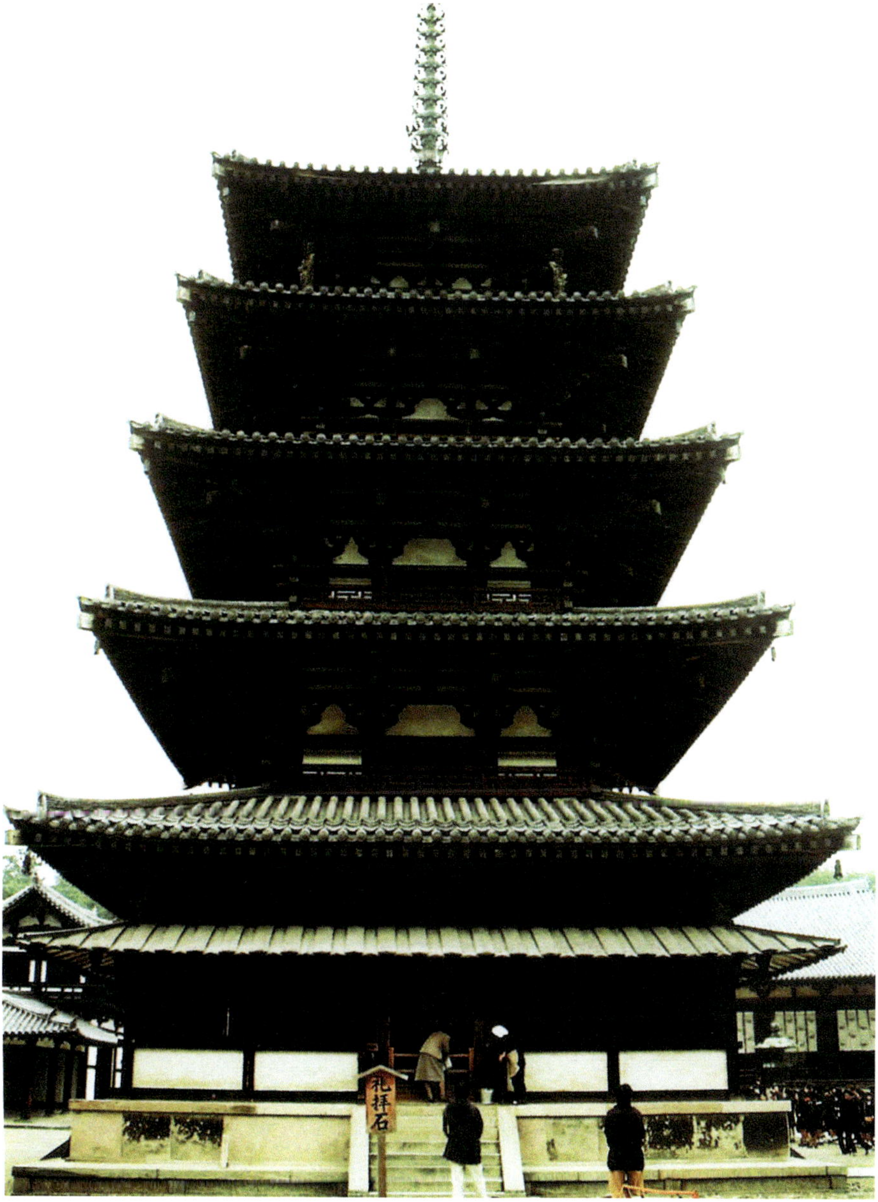

일본 호류우지 5층 탑 아래층과 꼭대기 층의 규모가 크게 변하지 않는 수직적인 형태가 목조 탑파의 규범으로 여겨진다.

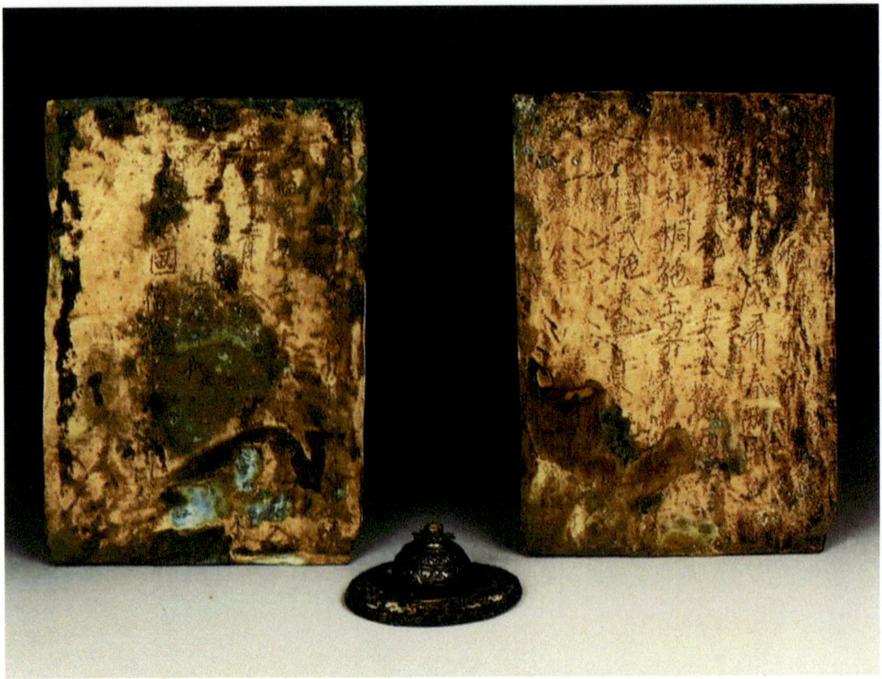

팔상전 사리구 동국대학교박물관 소장

공간으로 트여 중심 칸 주위를 순회할 수 있는 내부를 가진다. 초기 불교에는 존경 대상의 주위를 세 번 도는 '우요삼잡(右繞三匝)'이라는 예법이 있었다. 팔상전의 내부 공간은 우요삼잡의 예법을 행하기에 알맞은 구성이며, 이것이 더욱 발전하여 탑돌이 의례를 남겼다. 석탄일의 법주사 탑돌이는 무형문화재 제103호로 지정되어 있다.

석가모니의 일생을 8개의 장면으로 묘사한 그림을 '팔상도', 팔상도를 봉안한 건물을 '팔상전'이라 한다. 5층 탑 내부 중심 칸 사방에 벽을 치고 한 면에 2장씩의 팔상도를 걸었다. 각 면 불단에는 중심 불과 오백나한상들을 배열했다. 팔상전의 공간에 영산전 혹은 나한전의 기능까지 혼합한 것이다. 이는 내부 공간을 갖는 목탑이어서 가능한 구성이다.

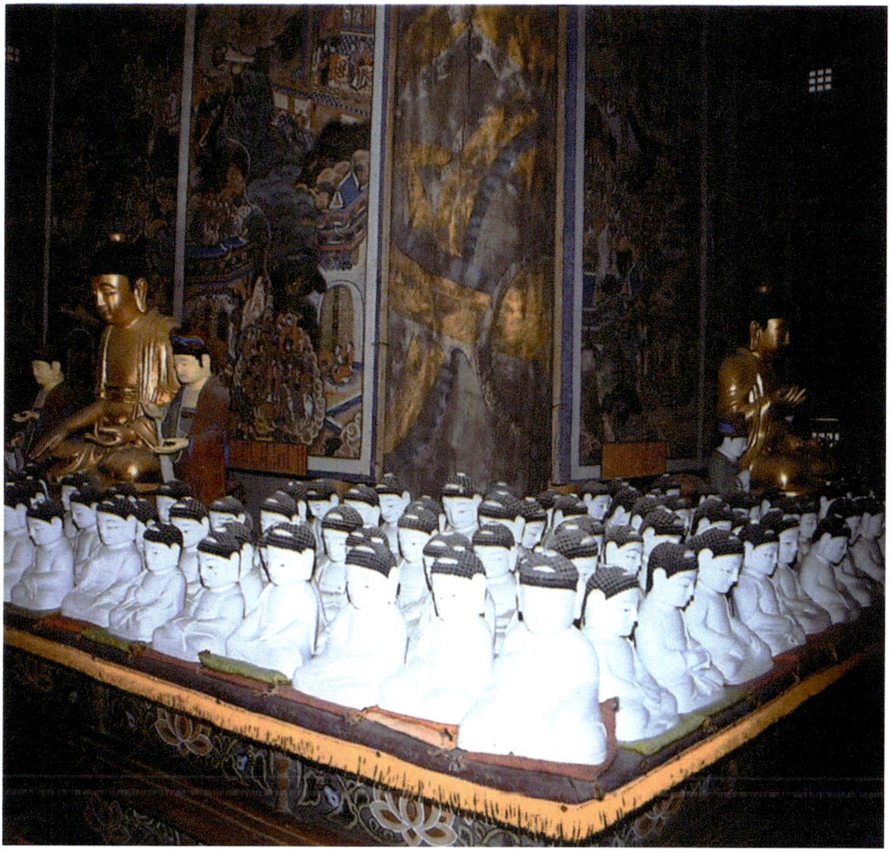

팔상전 내부의 불상과 불화 5층 탑 내부 중심 칸 사방에 벽을 치고 한 면에 2장씩의 팔상도를 걸었다. 각 면 불단에는 중심 불과 오백나한상들을 배열하였다. 석가의 일생을 8개의 장면으로 묘사한 팔상도를 모시는 팔상전의 공간에 영산전 혹은 나한전의 기능까지 혼합한 것이다.

대웅보전(大雄寶殿, 보물 제915호)

석가모니를 '대웅세존'이라 부르기도 하는데, 대웅전은 바로 이 석가모니불을 모신 전각이다. 그러나 법주사 대웅보전에 모셔진 부처는 가운데 비로자나불과 좌측의 석가모니불, 우측의 노사나불의 삼존불이다. 이러한 구성은 화엄경의 삼신설(三身說)을 기초로 법신불(法身佛, 비로자나), 보신불(報身佛, 노사나), 화신불(化身佛, 석가)을 의미한다.

다시 말하면 이 전각의 주불은 석가가 아닌 비로자나이며, '대적광전'이라 함이 올바른 명칭일 것이다. 아마도 조선 후기에 대부분의 통불교 사찰의 주 건물이 석가모니를 모신 대웅전이었던 유행에 따라 '대웅보전'이라는 명칭이 붙은 것으로 보인다. 옛 기록에는 '대웅대광명전'으로 남아 있다. 기단과 계단석의 수법으로 보아 고려 중기에 창건된 것으로 추정되며, 임진왜란 뒤인 1624년에 중창되고, 1893년 외에도 여러 차례의 중수를 거친 후 현재의 모습에 이르렀다. 대웅보전은 전면 7칸, 측면 4칸의 2층 건물이다. 절집 가운데 현존하는 2층 건물은 4개에 불과하다. 그 가운데 법주사 대웅보전, 무량사 극락전, 마곡사 대웅전이 충청권에 위치하므로 백제계 건축의 전통일 가능성도 높다. 이 세 사찰은 평지형 입지를 가진 점 등 많은 공통점이 있기 때문이다.

2층 건물을 이루기 위해 내부에 2열의 높은 기둥을 세우고, 그 앞뒤로 바깥 기둥을 세워 서로 연결한 구성이다. 내부 기둥들을 연결한 부재들은 가늘게 휘어져 있어 빈약한 감을 주지만 용마루까지 높이가 19미터에 달하는 장엄한 규모는 불완전한 부분들을 충분히 감싸고도 남는다. 기다란 건물임에도 아래층 높이가 높아 수직적 느낌이 우세하도록 건축되었다. 전면 가운데 칸을 제외하고 6칸 모두 좁고 높은 비례를 가지므로 수직성은 더욱 강조된다. 낮은 외벌대 기단의 수평선 위에 우뚝 솟은 건물의 수직적 대비는 백제계 조형에서 종종 볼 수 있는 수법들이다.

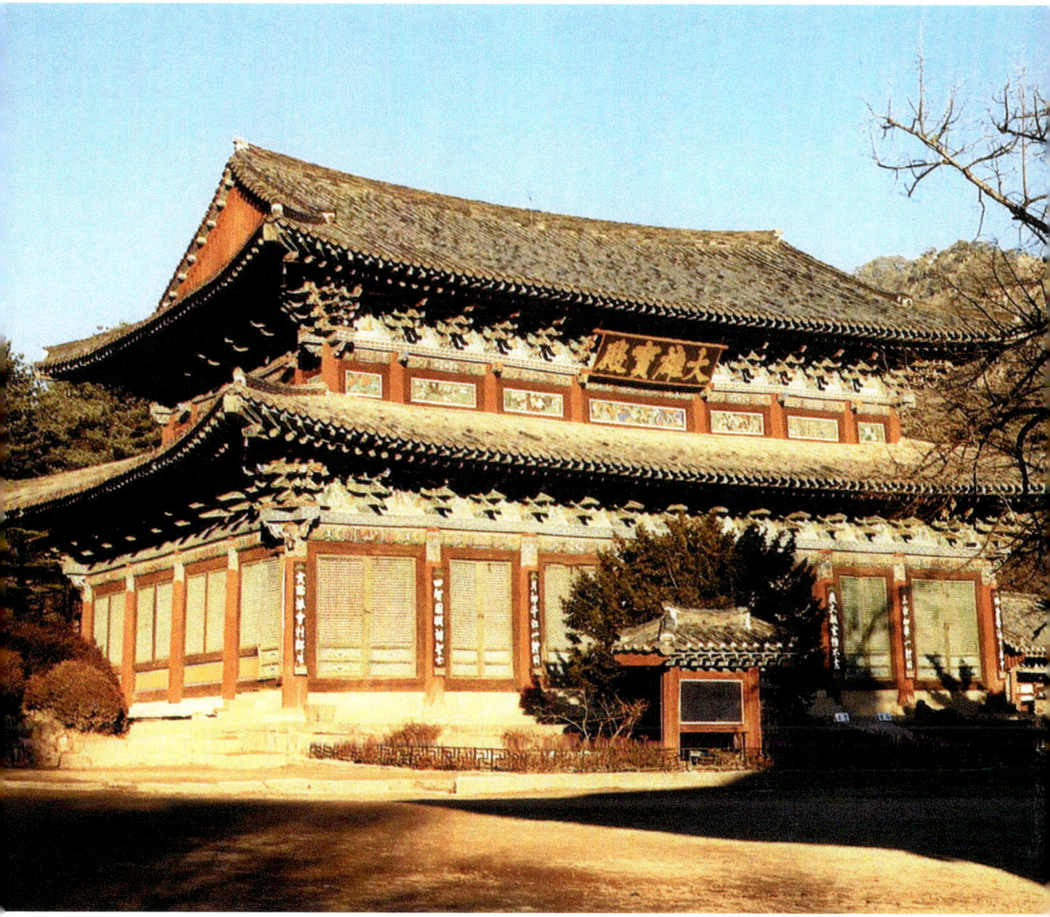

대웅보전 전경 법주사 대웅보전은 옛 기록에는 '대웅대광명전'으로 남아 있는 전면 7칸, 측면 4칸의 2층 건물이다. 2층 건물을 이루기 위해 내부에 2열의 높은 기둥을 세우고, 그 뒤로 바깥 기둥을 세워 서로 연결한 구성이다.

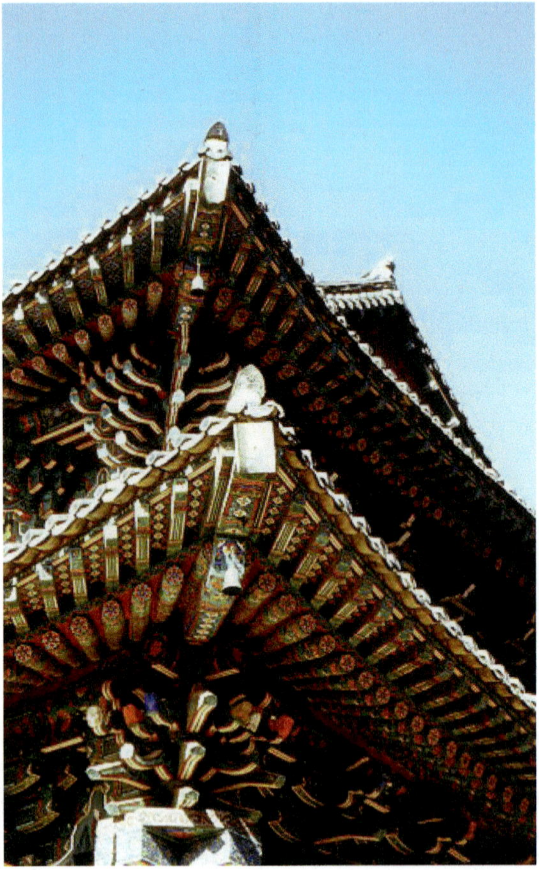

대웅보전의 포작 대웅보전은 기둥 사이에도 포작이 있는 다포계 건물로 아래층은 2출목, 위층은 3출목의 서로 다른 포작을 갖는다. 포작의 모양도 위층은 곡선형, 아래층은 직선형이다.

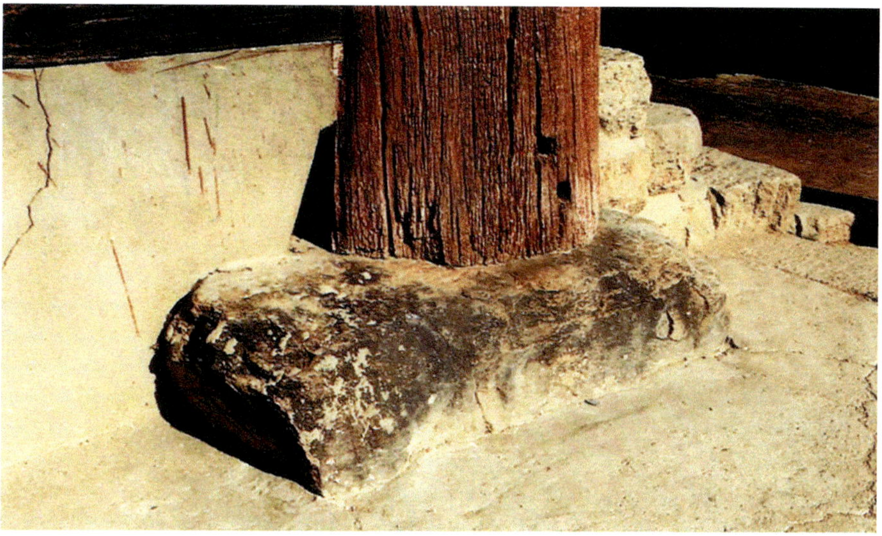

대웅보전의 바깥 기둥

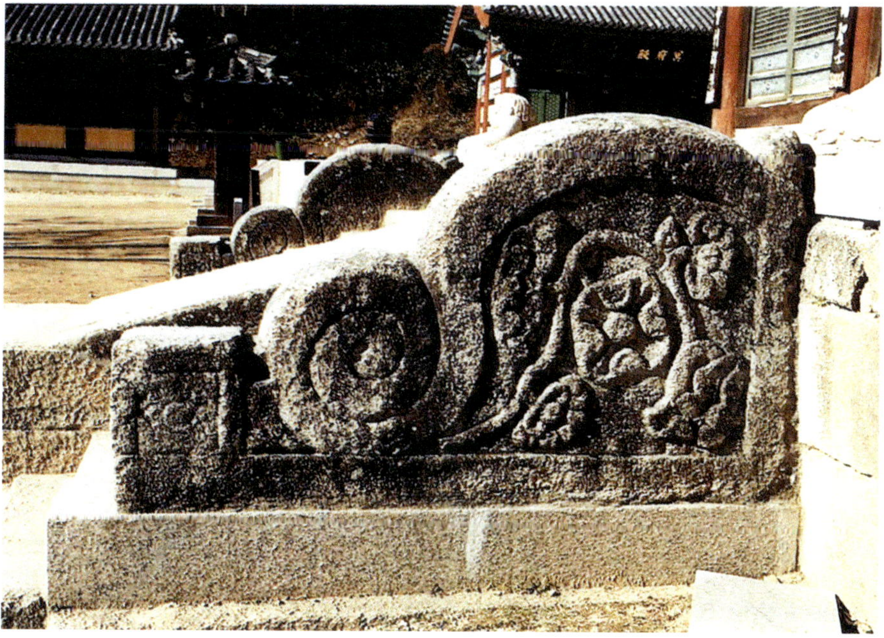

대웅보전 계단석

앞부분의 석축은 매우 기다랗게 조성되어 대웅보전의 아래 기단처럼 보인다. 정으로 다듬어진 3벌대의 장대석 석축 중앙에는 넓은 계단이 놓여 있다. 계단 가운데 세 줄의 통돌을 놓아 좌우로 분리하고 양옆에 원형의 소맷돌을 세워 연꽃 모양을 돋을새김했다. 계단 위에 한 쌍의 돌 원숭이가 앉아 있는데 발상이 매우 해학적이며, 짧은 직선으로 얼굴의 외곽선을 조각하여 매우 현대적인 느낌을 준다.

내부의 네 귀퉁이에 별도의 높은 기둥을 세우는 특징적인 구조 방식을 취했다. 화엄사 각황전은 귀고주를 세우지 않고 2층 귀기둥을 보위에 걸었으며, 무량사 극락전은 아래층의 안 기둥이 곧바로 위층의 바깥 기둥이 되는 방식을 취했다.

이와 같이 2층 구조를 이루는 방법에는 다양한 구조법들이 있는데, 각황전과 대비해서 대웅보전의 구조법이 더 오래된 방식인 것으로 평가되고 있다. 모든 벽을 판자로 막았고, 위층의 벽 역시 판자 위에 비천상들을 그렸다. 그러나 옛 '법주사도'를 보면 위층 벽에 살창을 단 것으로 묘사되어 있다. 당시에는 2층 창을 통해 떨어지는 빛으로 인해 내부에 신비한 분위기가 조성되었을 것이지만, 현재는 인공조명으로 대체되어 있다. 아래층 서측 벽은 모두 창을 달아 개방할 수 있다. 이것으로 미루어 보아 대웅보전 서측에 무엇인가 중요한 시설이 있었다는 말이 되는데, 현재는 새로 지은 명부전이 있을 뿐이고 옛 그림을 보아도 중요한 시설은 눈에 띄지 않는다. 이유를 알 수는 없으나 어쨌든 다른 절의 대웅전에서는 볼 수 없는 특이한 모습이다. 두 짝이 한 쌍을 이루도록 된 창문들은 가운데에 작은 기둥이 있는 이른바 '영쌍창'이다. 영쌍창이 만들어진 것은 18세기 이전이라 하며, 당시에는 서측에 강당과 같은 중요 시설이 있었을 가능성도 있다.

기둥 사이에도 포작이 있는 다포계 건물로 아래층은 2출목, 위층은

3출목의 서로 다른 포작을 갖는다. 포작의 모양도 위층은 곡선형, 아래층은 직선형이다. 그러나 팔상전과는 달리 규모가 큰 건물이기 때문에 위층과 아래층의 기법 차이는 그다지 드러나지 않는다.

원통보전(圓通寶殿, 보물 제 916호)

관세음보살을 모신 건물은 격이 높으면 원통전, 격이 낮으면 관음전이라 통칭한다. 건물의 위상과 명칭과의 관계는 다른 전각에도 나타난다. 예컨대 대웅전이 부불전이 되면 능인전, 대적광전이 부불전이 되면 비로전, 극락전은 미타전으로, 용화전은 미륵전으로 명칭이 바뀐다. '원통보전'이라는 명칭에서 알 수 있듯이 이 건물은 용화보전, 대웅보전과 함께 중요한 불전으로 인식되어 왔다.

기단의 석조 수법으로 보아 팔상전과 같이 신라 후기에 창건된 것으로 보이며, 역시 1624년 역암 선사 때 중건되었다. 1892년에 중수를 거쳐 1975년에 해체, 보수되었다. 정면 3칸 8.63미터, 측면 3칸 8.2미터 규모로 거의 정사각형에 가깝다. 이러한 정사각꼴 몸체에 어울리는 지붕의 형태는 이 건물과 같은 사모지붕이다.

사모지붕을 가진 집은 흔치 않아 불국사 비로전 정도의 예가 있을 뿐이다. 한 변의 3칸 가운데 중심 칸은 넓고 양옆 칸은 좁다. 내부 중심에 4개의 높은 기둥을 세워 넓은 칸을 만들고 바깥으로 낮은 기둥을 세워 연결시킨 구조 방식의 결과이다. 목탑과 같은 다층 건물을 만들 때 쓰는 방식이기 때문에 내부의 가운데 칸은 높고 주변 칸들의 천장은 낮아서 마치 '집 속에 집'이 들어가 있는 꼴이 된다. 이러한 '집 속의 집' 효과를 노린 절집들이 꽤 많다. 선암사, 홍국사 들이 그러한데 공교롭게도 그 건물들 모두 원통전이다. 관음 신앙이 이러한 건축 유형과 어떠한 관계가 있는지는 명확하지 않다.

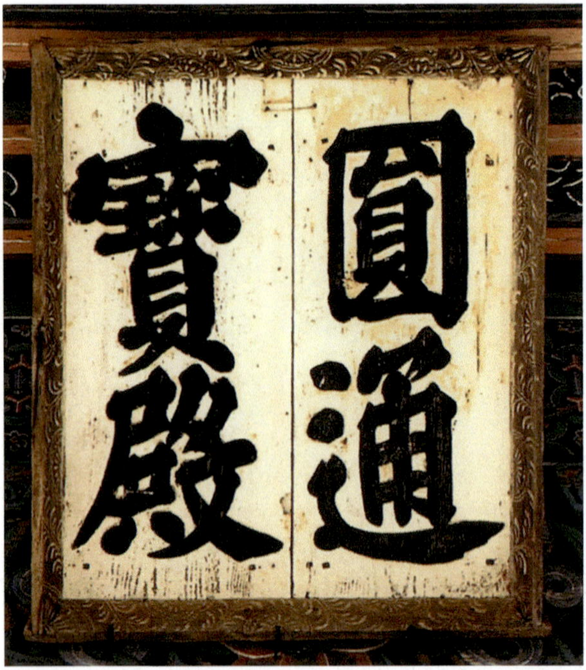

원통보전의 현판(왼쪽)

원통보전의 포작 기둥 위에 수평으로 얹은 평방이 있으면서도 기둥 위에만 포작을 쌓아 올린 주심포 형식이다. 포작은 내외 3출목의 규모이며, 지붕은 홑서까래만 배열된 간략한 형식이다.

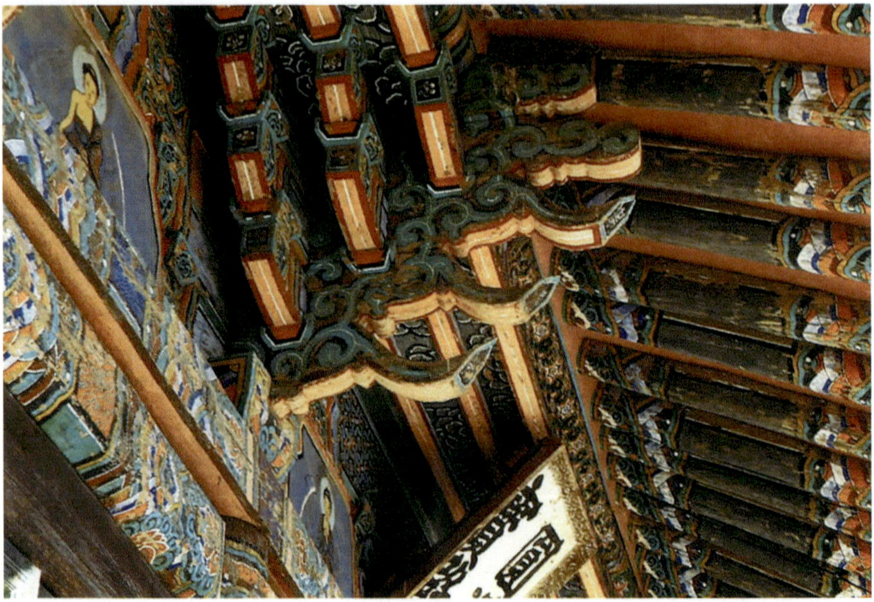

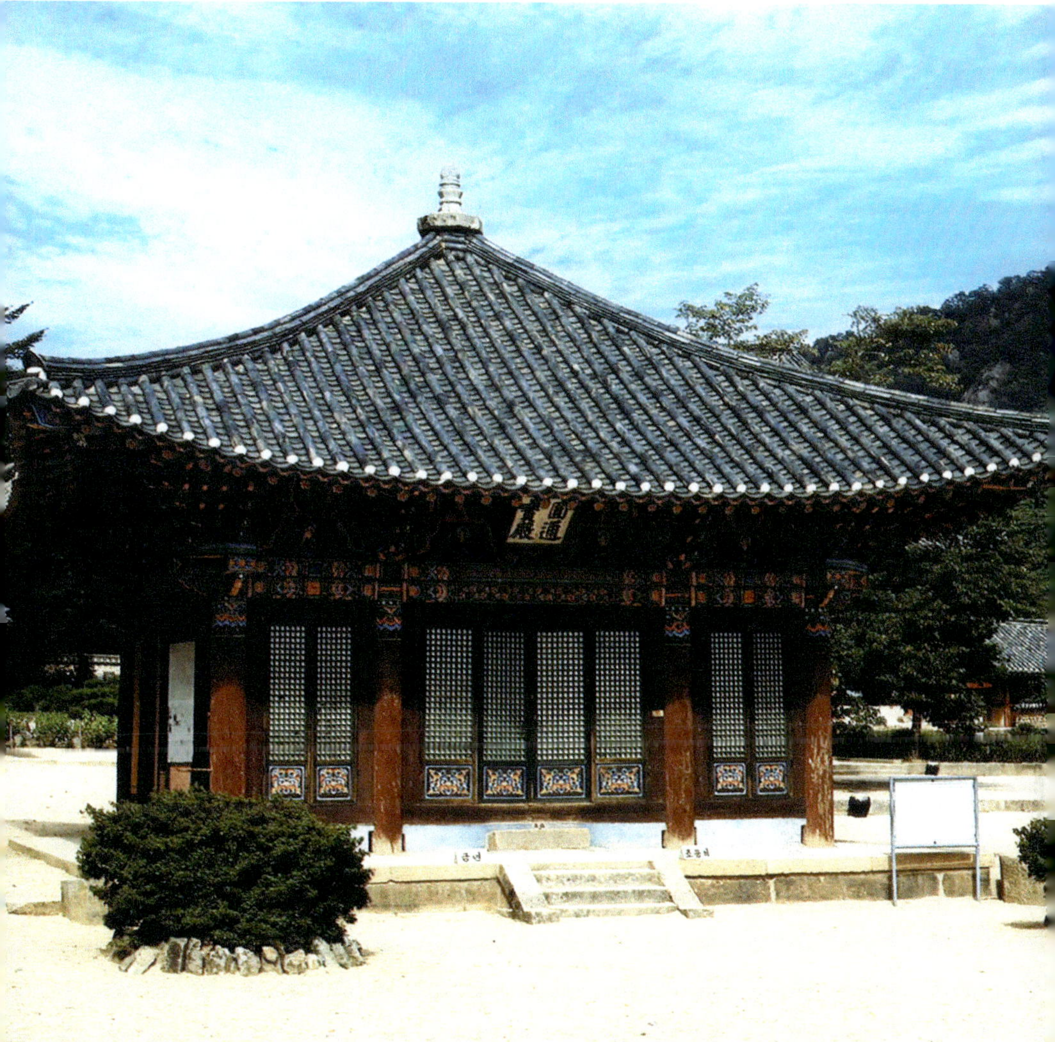

원통보전 전경 기단의 석조 수법으로 보아 팔상전과 같이 신라 후기에 창건된 것으로 보이며, 1624년 벽암 선사 때 중건되었다. 정면 3칸 8.63미터, 측면 3칸 8.2미터 규모로 거의 정사각형에 가까우며 지붕의 형태는 사모지붕이다. 지붕 꼭대기에는 돌로 만든 절병통을 올려놓았다.

어쨌든 관음보살을 모신 전각들 가운데 내부 중앙에 불단을 두고 주위의 공간과는 분리되어 중심성을 강하게 추구한 건물들이 많다는 공통점이 있다.

낮은 2벌대 기단 위에 건물을 세웠으며, 기둥 아래 놓인 원형 초석들은 기둥 면 둘레로 원형의 홈이 패여 있고, 벽면을 따라 직선 부분이 돌출되어 있다. 이러한 초석의 모양은 고려시대 이전에만 나타난다. 원통보전의 동측 벽은 모두 막혀 있는 데 비해 서측 벽에는 출입을 위한 문과 아울러 한 쌍의 창이 나 있다. 대웅보전의 서측 창문들과 같은 모습이나 지붕을 받치는 공포대의 구성은 특이하다. 기둥 위에 수평으로 얹은 평방이 있으면서도 기둥 위에만 포작을 쌓아 올린 주심포 형식이다. 평방이라는 부재는 기둥 사이의 포작을 받기 위한 것으로 다포계 형식에서만 필요한 것이다. 여기서는 기둥 사이 포작 대신에 큰 꽃 모양의 판재로 대체했다. 말하자면 다포 구조와 주심포 구조가 혼용된 셈이다. 포작은 내외 3출목의 규모이며, 지붕은 홑서까래만 배열된 간략한 형식이다. 지붕 꼭대기에는 돌로 만든 절병통을 올려놓아 꼭지점을 강조하고 있다. 마치 석탑 꼭대기에 놓은 상륜부와 같은 모습이다.

천왕문(天王門, 지방 유형문화재 제46호)

1624년에 중창되어 1972년까지 여러 차례의 중수를 거쳤다. 사찰의 천왕문으로는 대단히 큰 규모이다. 가운데 칸으로 출입하고 양옆 칸에 사천왕상을 놓아 사찰을 수호하는 것이 보편적인 천왕문의 기능이고, 이에 따라 대개 3칸으로 구성되는 것이 일반적이다.

법주사 천왕문은 전면 5칸, 측면 2칸의 구성이지만 가운데 칸만 넓고 양옆 칸은 모두 좁고 높아 전체적으로 전면 3칸 정도로밖에 보이지 않는다. 이러한 교묘한 칸살이는 일반성을 유지하되 특수한 의도를 달성

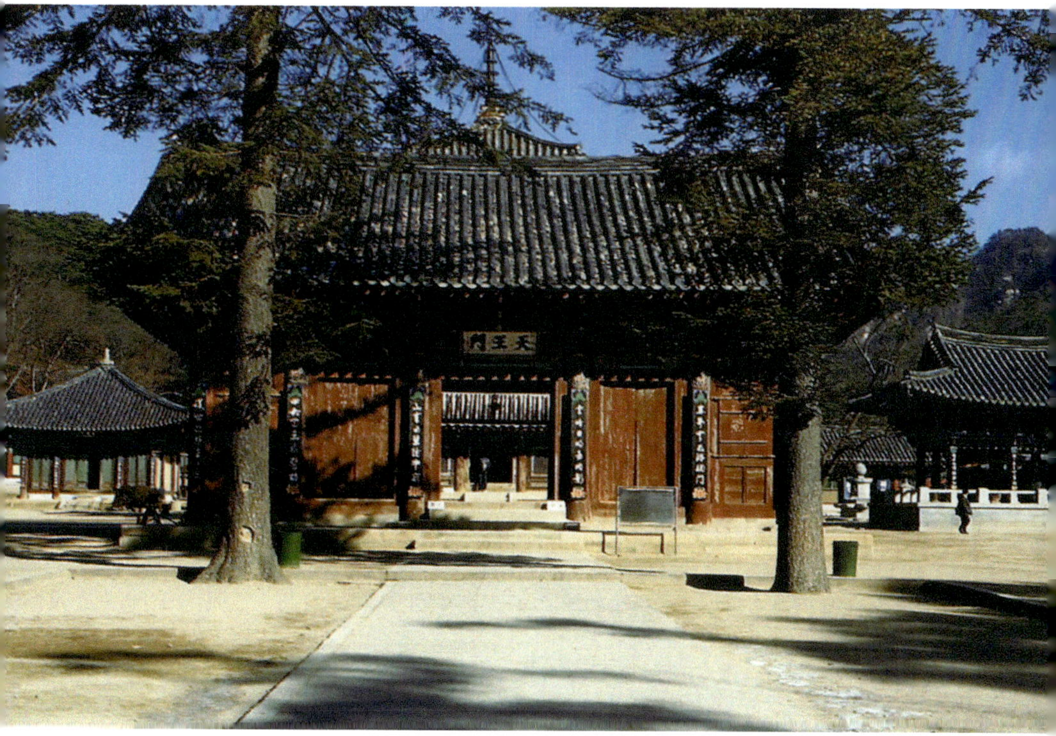

천왕문 전면 5칸, 측면 2칸의 구성이지만 가운데 칸만 넓고 양옆 칸은 모두 좁고 높아 전체적으로 전면 3칸 정도로밖에 보이지 않는다. 이러한 교묘한 칸살이는 일반성을 유지하되 특수한 의도를 달성하려는 치밀한 계획의 결과이다. 가운데 3칸에는 판문을 달아 출입할 수 있게 하였고, 두 끝 칸에는 작은 판창을 달았다. 이것은 현재와는 다른 용도로 쓰였다는 증거가 되지만 구체적으로 예전에 어떻게 쓰였는지는 알 길이 없다.

하려는 치밀한 계획의 결과이다. 가운데 3칸에는 판문을 달아 출입할 수 있게 하였고, 두 끝 칸에는 작은 판창을 달았다. 이것은 현재와는 다른 용도로 쓰였다는 증거가 되지만 구체적으로 예전에 어떻게 쓰였는지는 알 길이 없다.

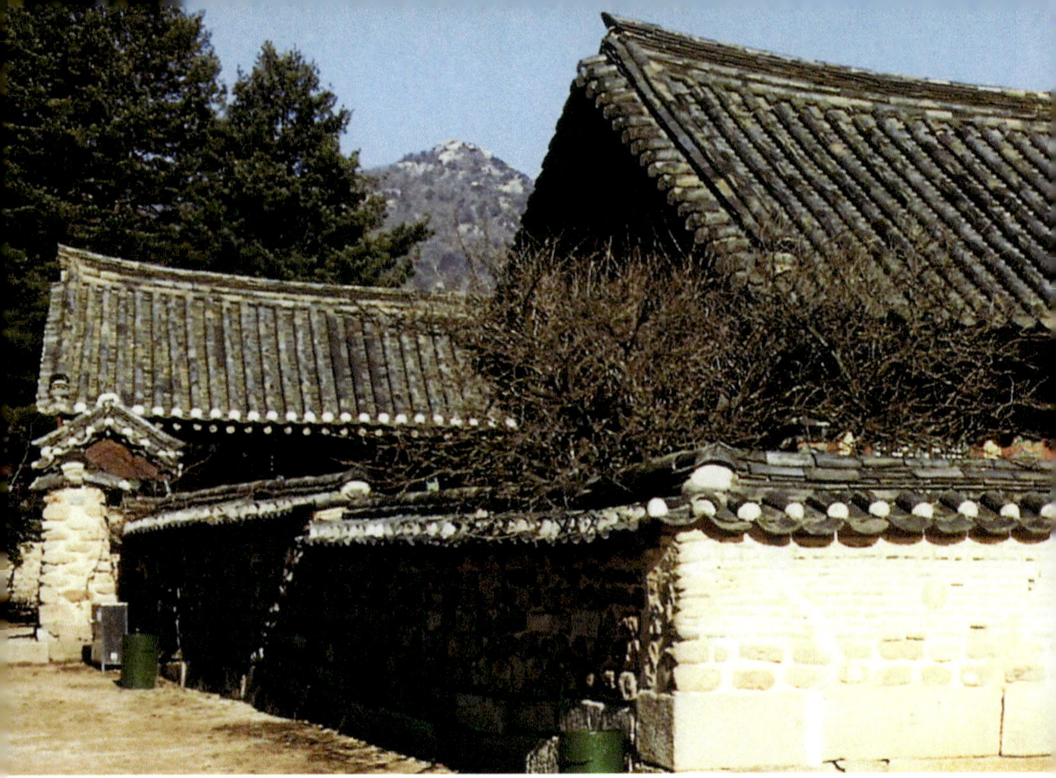

매우 낮은 기단 위에 문턱을 두었기 때문에 계단을 올라갔다 다시 내려가야 한다. 이로 인해 출입 동선의 연속성이 반감되지만 일단 문안으로 들어서면 내부 구조의 웅장함에 흥분하게 되고 문밖으로 바로 보이는 팔상전의 위용에 끌려 나가게 된다. 내부의 가운데 줄에 높은 기둥을 세워 용마루를 받치고, 가운데 칸만 기둥 사이의 보를 없애 중심을 구별하고 있다. 네 벽면 위 모두에 공포를 배열한 다포계 구조이며 맞배지붕이다. 다포계 건물에는 팔작지붕이 구조적으로나 형태적으로 어울리는 지붕 모습이다. 다포 맞배집은 이례적이며, 특히 사면에 공포대를 가진 다포 맞배집은 극히 드물게 나타난다. 다포계의 화려함과 맞배지붕의 엄숙함이 어우러진 건물이다.

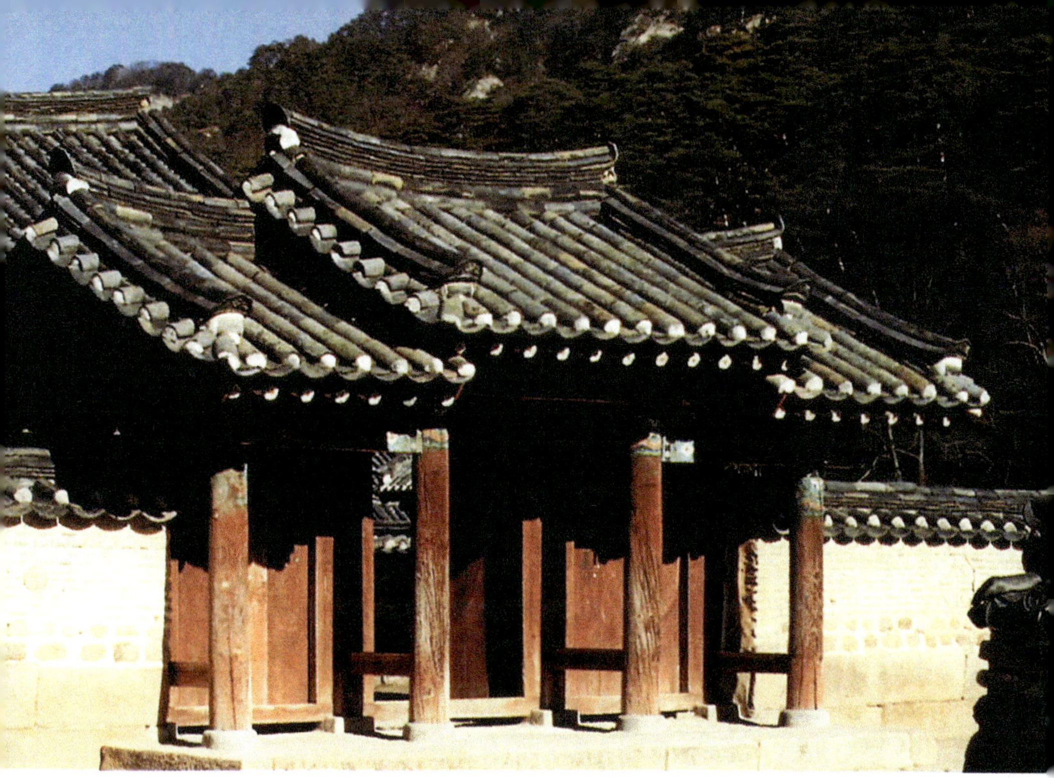

옛 선희궁 원당

옛 선희궁 원당(宣喜宮 願堂)

대웅보전 앞 동쪽에 자리 잡았다. 솟을삼문을 두고 낮은 담장을 둘러 일곽을 이뤘으며, 전면 3칸, 측면 3칸의 작은 건물이 있다. 1765년경 영조의 후궁인 영빈 이씨의 위패를 봉안하고 제사를 지내기 위해 선희궁 원당으로 조영되었다. 그 뒤 법주사와 관련이 있는 역대 큰스님들의 초상을 모셔 둔 조사각으로 사용하다가 1990년 대웅보전 서편에 진영각을 신축함에 따라 현재는 비어 있다.

담장과 솟을삼문을 둔 형식은 사당이나 향교, 서원 등에 자주 사용된 유교적 건축 형식이다. 원당이란 특정 개인의 사당과 같은 성격이어서 종종 이러한 형식을 취한다. 불교 사찰 안에 유교 건축의 형식이 수용되

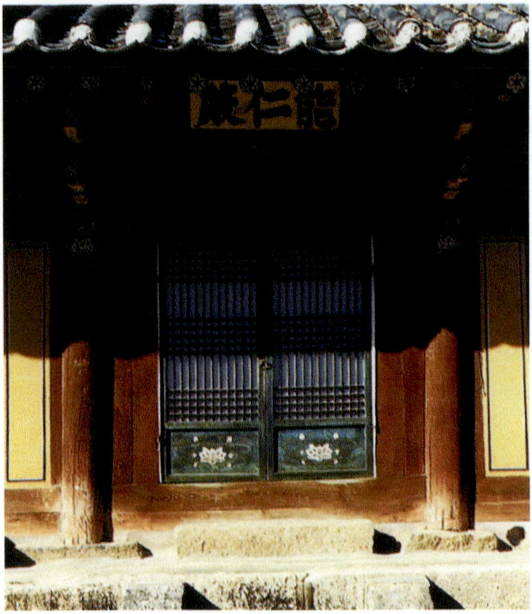

능인전 중앙 칸

었다는 점에서는 비슷한 시기에 창건된 통도사의 개산조당도 마찬가지이다. 여기에서 어려웠던 조선시대 불교계의 사정과 불교 특유의 통종교성을 엿볼 수도 있다. 왕실과 관련된 건물답게 기단과 사각 초석은 규격화되어 있고, 정다듬으로 마감했다. 내부 앞부분에 한 쌍의 사각기둥이 설치된 것은 원당으로 사용할 때 중심 칸을 확보하기 위한 장치였다.

익공 형식과 주심포 형식이 혼용된 이른바 주삼포식 구조이고, 겹처마 맞배지붕으로 사당 건축의 외형을 지녔다. 주목해야 할 부분은 담장이다. 점토구이와 둥근 돌들을 이용해 여러 가지 길상 무늬와 별 무늬를 담장에 장식했다. 조선 후기 민화풍의 담장 장식이 잘 보존된 예이다. 영쌍창 형식의 창문은 이 건물 창건 당시의 모습을 보여 준다.

능인전(能仁殿)

1624년에 중창된 건물로 추래암 쪽 산 밑에 있다. 뒤쪽에 세존의 사

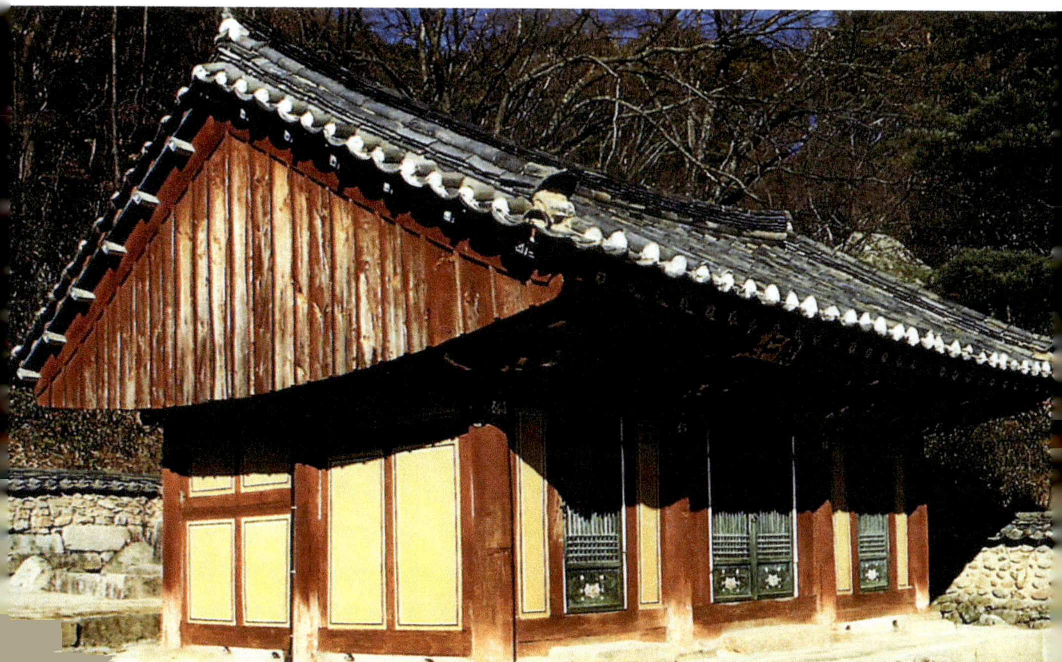

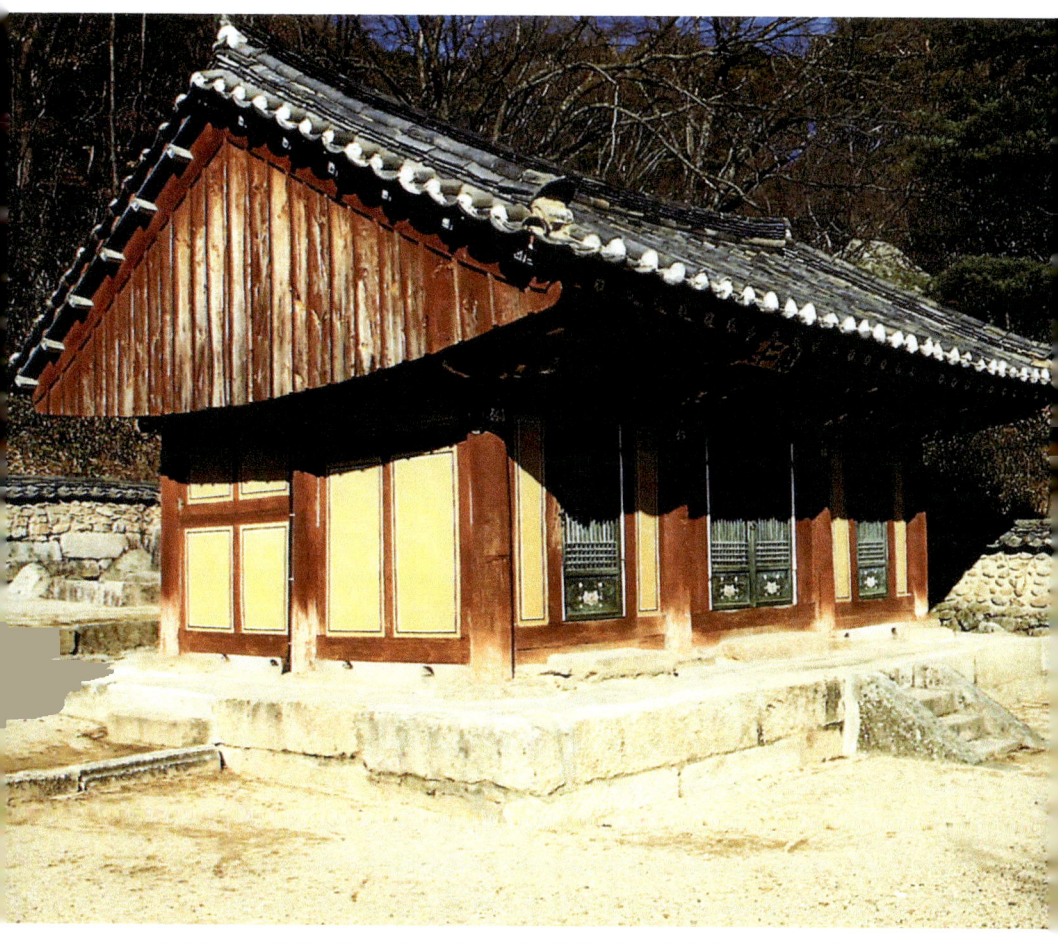

능인전 1624년에 중창된 건물로 뒤쪽에 세존의 사리탑이 있어 원래는 사리탑을 예배하는 적멸보궁의 역할을 한 건물이지만, 현재는 불상과 16제자상을 봉안해 영산전 또는 나한전의 기능을 갖는다.

리탑이 있어 원래는 사리탑을 예배하는 적멸보궁의 역할을 한 건물이지만, 현재는 불상과 16제자상을 봉안해 영산전 또는 나한전의 기능을 갖는다. 전면 3칸, 측면 2칸의 작은 건물로 이익공의 구조이며 홑처마 맞배지붕이다.

용화전(龍華殿)

현대 법주사의 가장 큰 변화는 1990년에 조성된 청동 미륵불과 용화전의 신축 불사이다. 높이 25미터, 무게 160톤의 거대한 미륵상은 법상종 사찰의 전통을 한껏 과시하고 있다. 청동 미륵불의 기단부는 높이 8미터의 원형 구조이며, 내부를 용화전으로 사용한다. 내부는 토함산 석굴암의 모티브를 평면화시켰다. 미륵 반가사유상 둘레에 원형으로 화강석 기둥을 두르고, 불단 윗부분은 비천상 등이 장식된 스테인드글라스의 돔 천장으로 구성했다. 주변 공간을 전시 공간으로 할애하는 등 기능과 구성 면에서 현대의 시대적 성격을 잘 표현하고 있다. 단지 미륵불 또는 용화전의 위치가 예전의 위치에서 벗어나 전체 가람의 질서를 흐트러뜨린 점이 아쉽다.

옛 용화보전은 뒤 절벽인 산호대 앞에 놓였다 하여 '산호보전(珊瑚寶殿)'이라고도 불리었다. 기록에 의하면 전면 7칸, 측면 5칸의 2층 건물이었다고 전한다. 대웅보전보다 규모가 컸으며 명실상부한 법주사의 주불전이었다. 내부에는 미륵 삼존의 장륙상(丈六像)이 안치되었다고 하며, 발굴된 대좌 3구가 원통보전 서측에 전시되어 있다. 장륙상이란 16척(환산하면 약 4.8미터) 크기 불상의 통칭이지만 꼭 16척 크기를 가리키는 것은 아니고 대형 불상을 가리키는 대명사가 되었다. 미륵보살상은 무릎을 꼬고 앉아 있는 모습으로, 미륵불상은 서 있는 모습으로 형상화된다. 그렇기 때문에 미륵불상은 장륙상의 크기인 것이 많고, 미륵불상을 봉안한 건물들은 당연히 2층 또는 3층으로 조성되었다.

그 밖의 건물들

사찰 진입로의 일주문과 금강문은 1970년대에 재건된 것들이다. 형식은 이전의 것들과 같다 하더라도 목조 기술의 퇴화는 어쩔 수 없는 시

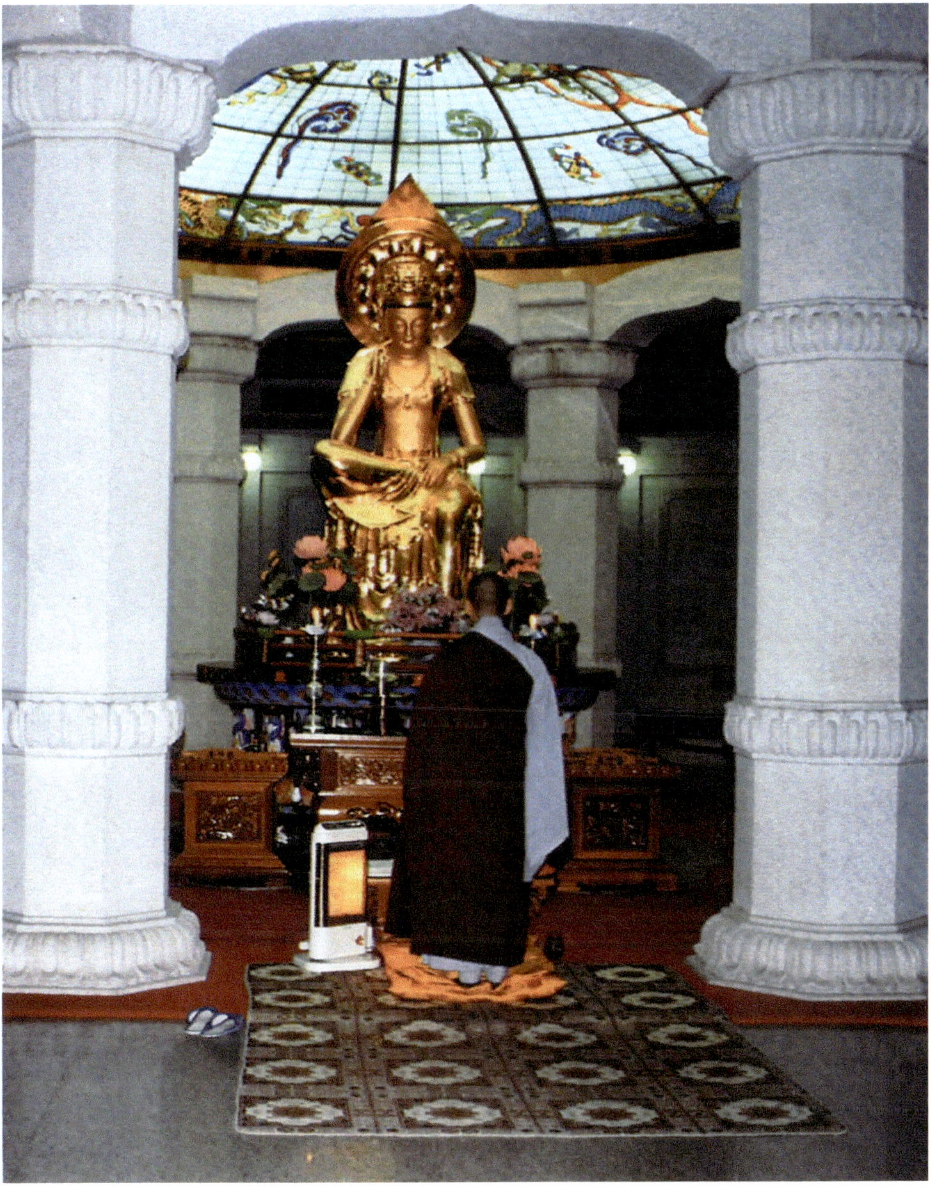

용화전 내부의 미륵 반가사유상

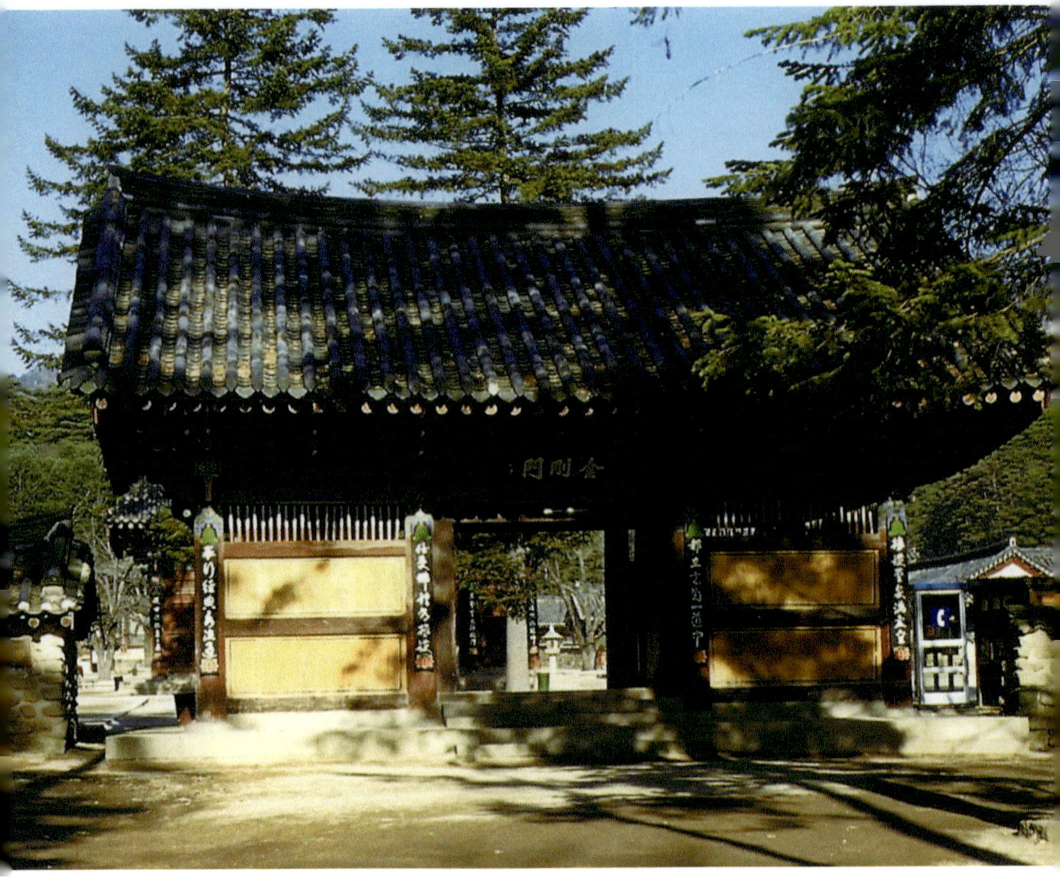

금강문 사찰 진입로의 금강문은 1970년대에 재건된 것들이다. 형식은 이전의 것들과 같다 하더라도 목조 기술의 퇴화는 어쩔 수 없는 시대적 한계이다.

대적 한계이다. 금강문으로 들어가기 전 콘크리트로 만든 수정교가 놓여 있다. 주변에는 옛 다리의 돌부재들이 남아 있다. 18세기 '법주사도'에는 수정교가 무지개다리 모습으로 그려져 있다.

현재 법주서점으로 사용되는 쌍사자 석등 동쪽의 건물은 원래 약사전이었던 것으로 전해진다. 일제시대에는 염화실로 사용되었고, 서쪽에 있던 극락전이 철거된 뒤에는 극락전으로 쓰였다. 원래는 서방정토의 극락전과 동방 정유리 세계의 약사전이 나란히 서서 용화보전과 팔상전의 영역을 감쌌던 것이다. 전면 3칸, 측면 2칸의 규모이다.

대웅보전 동측은 승방 구역으로 모두 70년대에 신축된 건물들이 들어서 있다. 승려 수와 신도 수의 증가로 어쩔 수 없이 건축된 것들이지만 크기만 할 뿐 섬세하지 못하고 외부의 공간감이 전혀 없다. 전통적인 선의 공간도, 도시적인 기숙사도 아니고 절충한 모습이다.

대웅보전 동측에는 청동 미륵불 불사와 함께 조성된 전각군이 있다. 독성-칠성-산신을 모신 삼성각, 지장보살과 명부 10대왕을 모신 명부전, 스님들의 영정을 모신 진영각 그리고 한주 스님들의 거처로 쓰는 응주전과 미룡당 들이다. 모두 최근의 건축으로, 화려하고 견고하게 구축되었으나 고려시대의 목구조 형식을 따르는 등 현대적인 감각은 눈에 띄지 않는다.

복천암(福泉庵) 극락전(極樂殿)

법주사 전성기 때에는 70여 개의 암자가 경영되었으나 현재는 10개 미만으로 줄어들었고, 예전의 건물이 보존된 곳은 이곳뿐이다. 본 절에서 문장대에 이르는 넓은 등산로를 따라 3킬로미터 떨어진 산중턱에 위치한다. 720년에 개산(開山)하였고, 극락전은 1735년 탁융(卓融) 스님이 중창했다고 전한다. 단아한 분위기의 수행처로 잘 정돈되어 있다.

다듬돌 석축과 기단부가 조선 중기의 솜씨로 언덕 위에 남아 있다. 앞부분에 수행용 선방이, 뒷면 경사지에 극락전과 나한전·산신각 등이 서 있다. 극락전 동측 바위 절벽의 형상은 마치 5층 석탑과 같아 '천연보탑'으로 불린다.

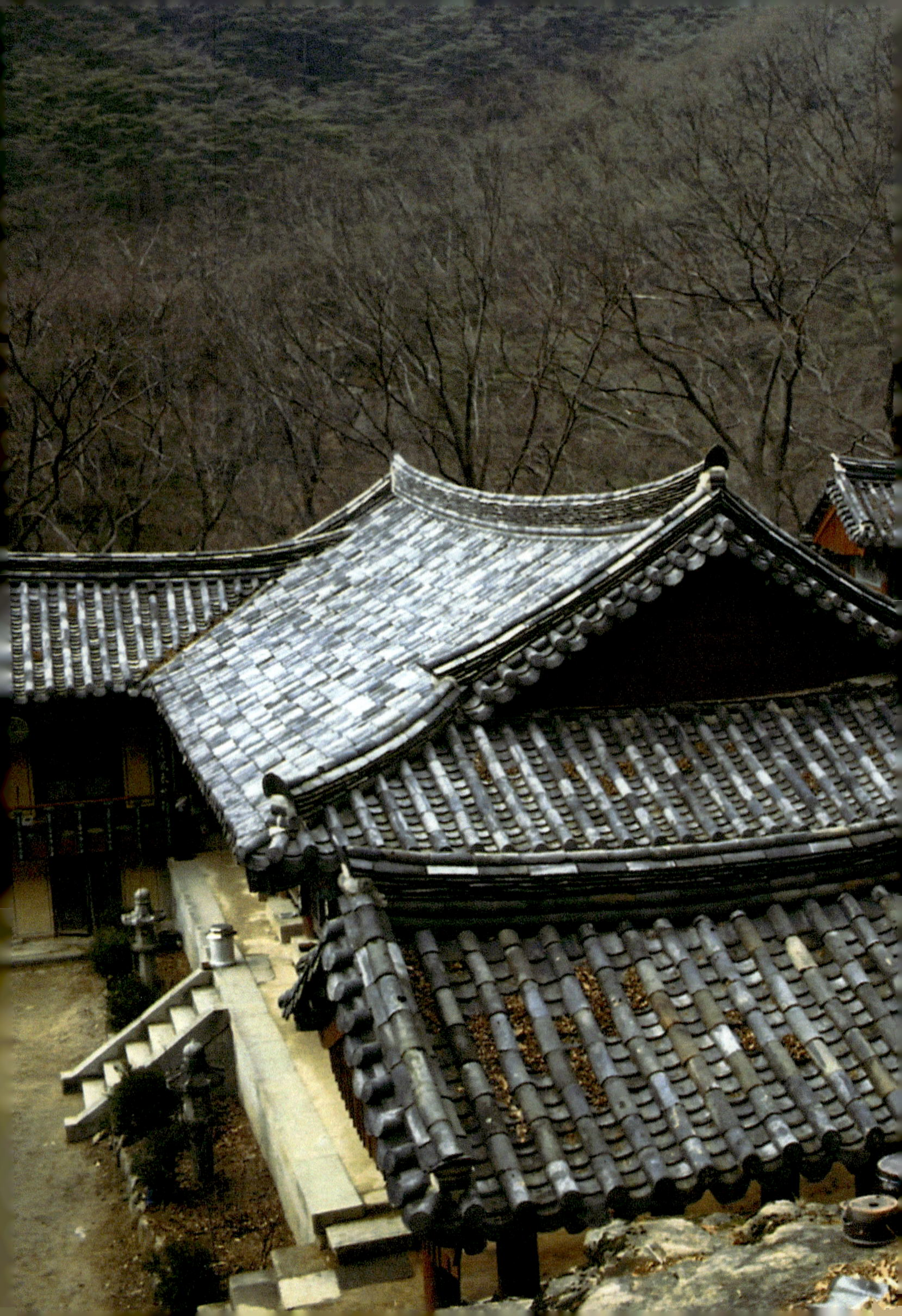

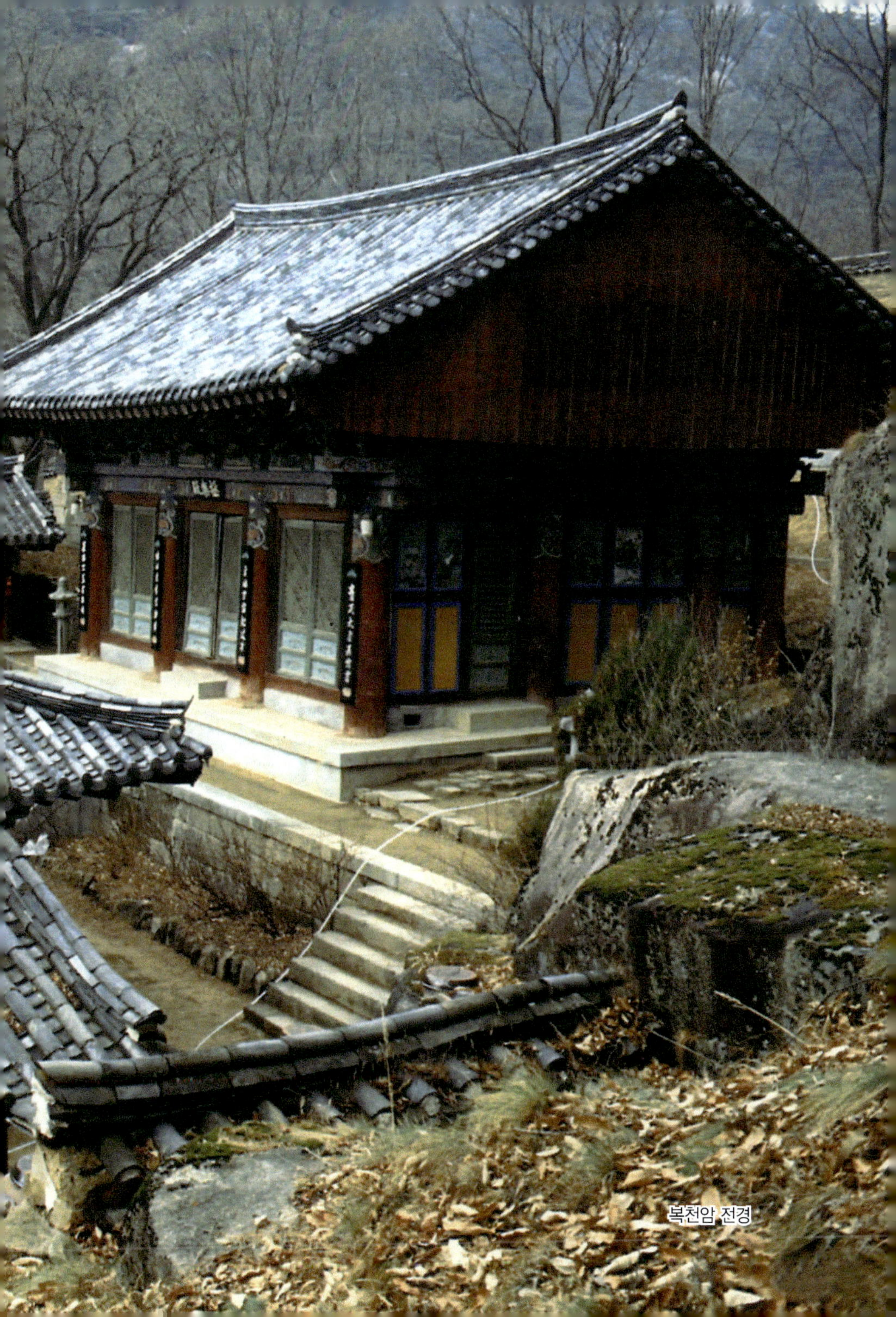

복천암 전경

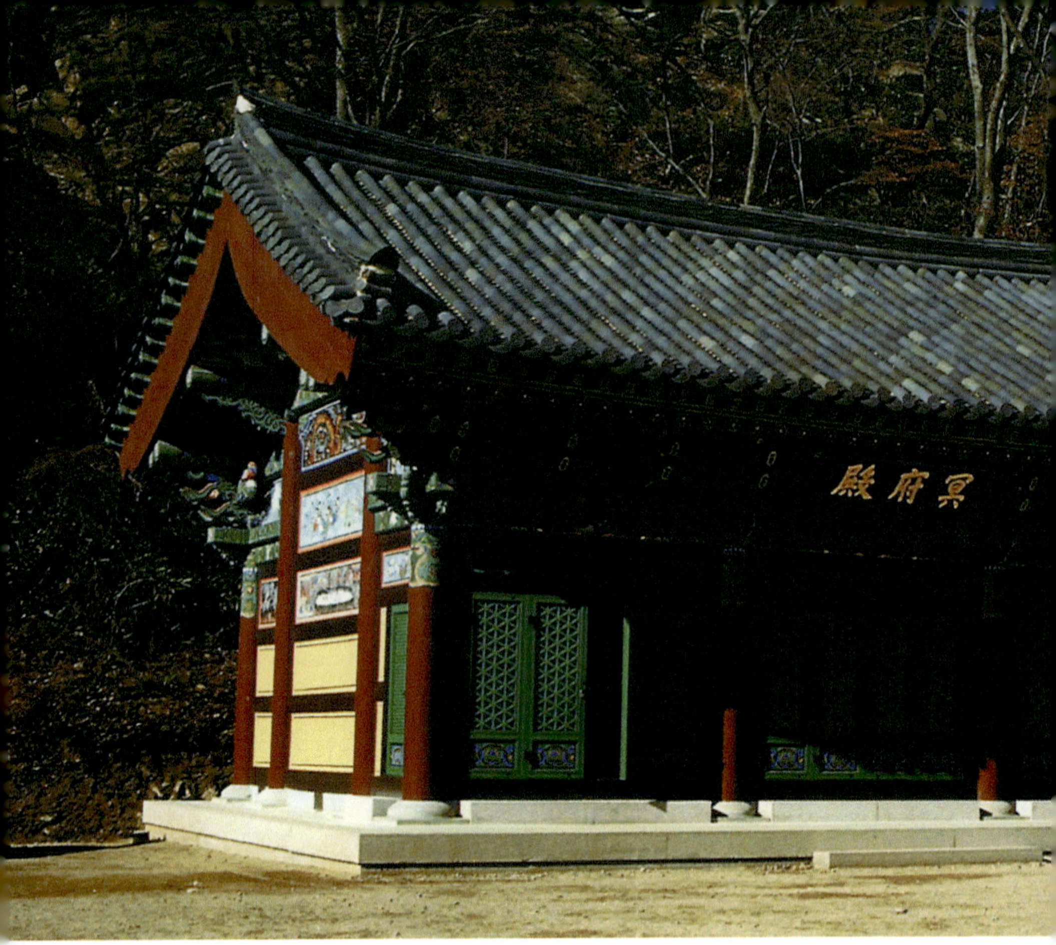

경사지 좁은 터에 암자를 조성한 까닭에 극락전 앞에 마당을 만들지 못했다. 다듬돌 기단 위에 널찍한 자연석 초석을 놓고 두툼한 원형 기둥을 세웠다. 뒷부분에 전면 3칸, 측면 2.5칸 규모로 툇간을 만든 것이 특색이다. 보통은 전면과 후면에 대칭으로 툇간을 설정하는데 여기서는 협소한 대지의 사정상 후면에만 설치하였다. 법주사 천왕문과 같이 사방에 공포대를 둔 다포 맞배집이다. 기둥 윗머리를 연결하는 창방은 둥글고, 그 위에 얹힌 평방은 평평하다. 특히 두 부재 모습 간의 대비가 눈

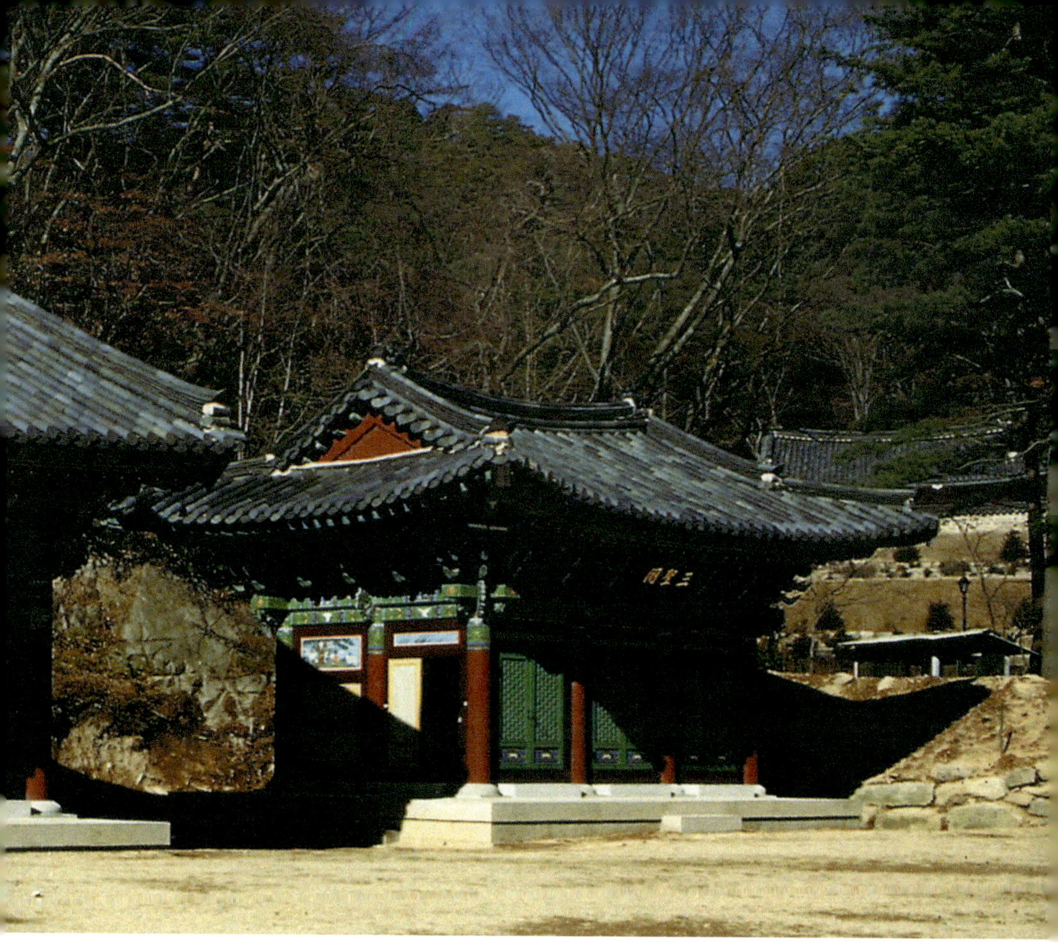

명부전과 삼성각　대웅보전 동쪽에 청동 미륵불 불사와 함께 조성된 전각군이다.

에 띈다. 서쪽 문은 두짝문 사이에 중간 기둥이 있는 이른바 영쌍문의 모습이다. 외형이 견실하고 힘이 있으며 고졸한 부재들의 결구로 훌륭한 목조 건축이다.

이곳에서 수행하는 스님들은 일반에게 알려지는 것을 원치 않는다. 일반 관광객의 출입이 잦으면 수행과 공부에 큰 방해가 되기 때문이다. 조용한 수행거로서 남아 있기를, 그리고 극락전 건물이 잘 보존되기를 바랄 뿐이다.

법주사의 유물

법주사에는 신라시대에 처음 법등을 밝혀 오늘에 이르기까지 기나긴 세월의 발자취가 절 안팎의 수많은 유물과 유적에 고스란히 남아 있다. 지금도 팔상전을 중심으로 여기저기에 서 있는 당차고 세련된 멋을 간직한 석조 유물들에서 호서 지방의 대미륵도량으로 명성을 휘날리던 통일신라시대 법주사의 옛 모습을 보는 듯하다. 또한 마애불상, 자정 국존비, 세존 사리탑 등의 고려시대 유물과 조선시대의 수미 대사·신미 대사의 사리탑, 법주사 중건 이후에 이루어진 불보살상, 사천왕상, 선조 어필 병풍, 신법천문도, 기타 법주사 괘불을 비롯한 여러 불전에 걸린 불교 회화, 전시관의 소장 유물 그리고 최근에 조성된 청동 미륵 대불상에 이르기까지 실로 헤아릴 수 없을 만큼 많은 중요 문화재들은 유구한 법주사의 내력을 반영하고 있다. 이 유물들 가운데 상당수가 국가 지정 문화재이거나 충청북도 지방문화재로 등록되어 보호를 받고 있으며, 그 밖의 유물들도 제작 당시 법주사의 문예적 역량을 충실하게 보여 주고 있다.

법주사 소장 유물의 특징으로는 첫째로 호서 지방 제일의 가람답게 유물의 규모가 웅장함을 들 수 있다. 신라시대의 석등·석연지·석조와 고려시대의 철솥, 조선시대의 사천왕상, 대웅전과 원통보전의 조선시대 불상 그리고 최근에 이루어진 청동 미륵대불 등은 모두 국내의 유물 가운데에서 가장 규모가 크면서도 균정한 자태와 당당한 인상을 보여 주는 작품으로 손꼽히고 있다. 둘째로는 법주사의 유물 가운데에서도 석연지, 사천왕 석등, 쌍사자 석등, 석조 등 통일신라시대에 만들어진 석조 유물들은 가장 빼어난 조형미를 간직하고 있어 통일신라시대의 미륵도량으로 온 나라에 명성을 떨친 법주사의 위상을 대변하고 있다는 점을 들 수 있다. 셋째로 고려시대 이후부터 조선시대에 이르기까지 많은 고승들과 국왕들이 법주사를 거쳐 간 뒤에 많은 기념비적 유물들이 존재하게 된 것도 하나의 특징이 될 것이다.

법주사의 유물들은 절 안팎의 여러 곳과 불전들, 유물 전시관과 주변 암자 등지에 보관되어 있다. 여기서는 법주사의 유물을 일일이 다룰 수 없으므로 중요 문화재를 간추려 지정 문화재를 중심으로 조성 내력과 조형적 특징을 살펴보고 그 밖의 유물들은 따로 정리하여 두고자 한다.

불상 조각

청동(靑銅) 미륵대불(彌勒大佛)

법주사 팔상전 왼편의 넓은 터전에 서 있는 이 청동 미륵대불상은 화강암으로 조성된 8미터의 기단 위에 25미터 높이로 세워져 총 33미터의 거대한 규모를 보여 주고 있다. 이 불상이 서 있는 자리는 원래 35칸의 2층 불전인 용화보전이 있었던 곳으로, 이 법당은 현재의 대웅전보다도 더 규모가 컸던 절집이다. 이 법당은 『동국여지승람』에 '산호전(珊瑚殿)' 이란 이름으로 실려 있기도 하며, 법당 안에는 금칠을 입힌 장륙미륵불상(丈六彌勒佛像; 높이가 1장 6척이나 되는 거구의 미륵불상)이 있었다고 한다. 그러나 이 법당은 1872년에 헐리고 불상은 대원군이 경복궁을 새로 짓기 위하여 당백전이란 동전을 주조할 때 녹여 사용했다고 한다.

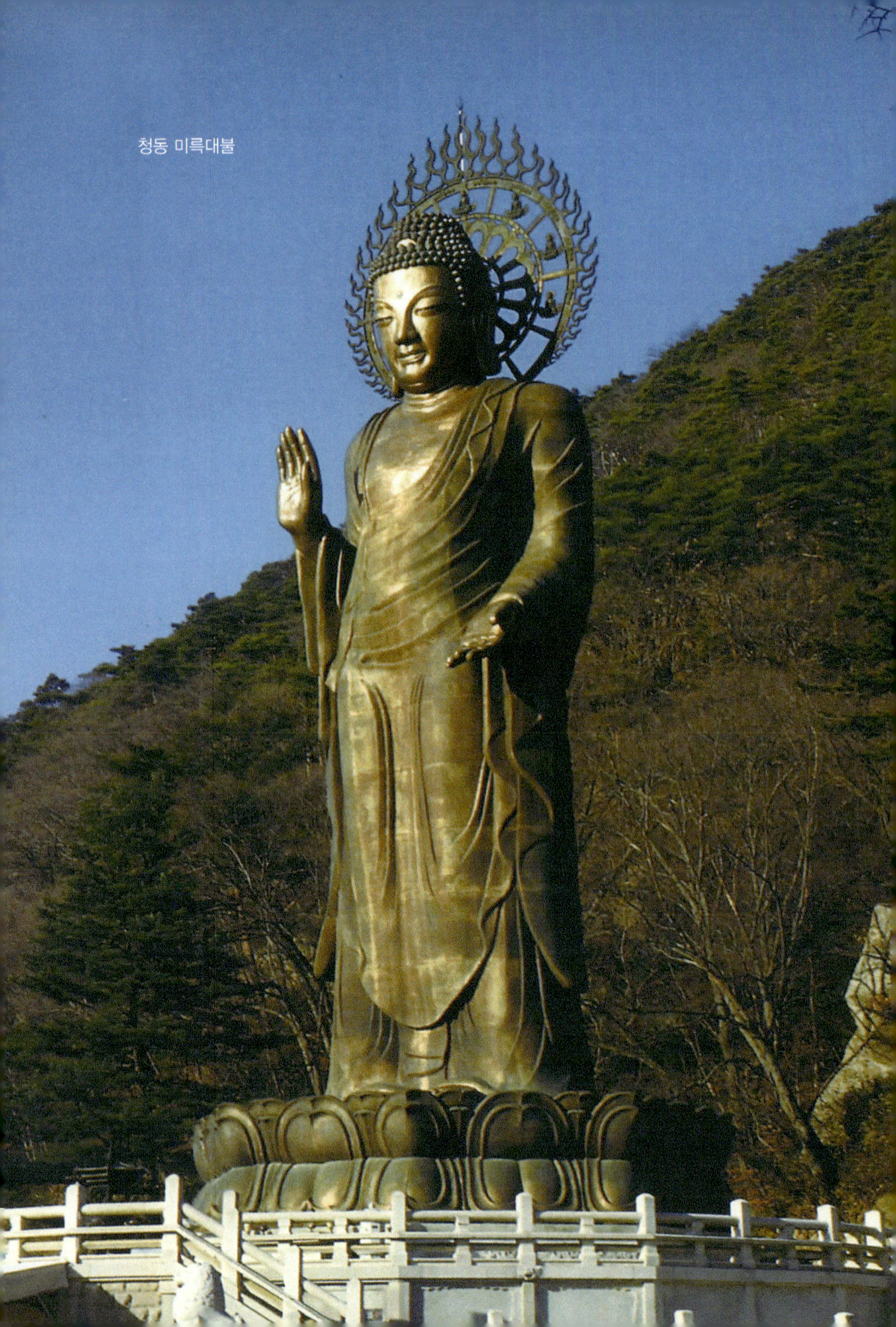

청동 미륵대불

그 뒤 법당은 다시 지어지지 못하고 대신 그 자리에 80척의 미륵불상을 세우려는 불사가 1939년에 시작되었다. 당시 가재(家財)를 털어 이 미륵대불 조성을 발원한 사람은 전북 태인에 살던 김수곤(金水坤) 씨였고 불상의 제작은 김복진(金復鎭) 씨가 맡았는데, 불행히도 김복진 씨가 1940년에 세상을 떠난 뒤 발원자 김수곤 씨마저 1950년에 사망하여 이 공사는 20여 년 동안 미완성 상태로 남아 있었다. 그 뒤 5·16군사혁명정부 시절에 당시 대통령 권한 대행 최고회의 의장이던 박정희 대장이 전달한 백만 원과 충북 도지사인 최세인 소장의 20만 원을 합하여 1963년부터 공사를 계속하게 되었다. 이 공사의 설계는 건축사가인 임천 선생이 맡고, 기술 지원은 신상균 씨가 담당하여 이듬해인 1964년 6월 14일(음력 5월 5일 단옷날)에 시멘트로 만든 불상의 완성을 보게 되었다.

그러나 세월이 지날수록 시멘트로 만든 불상의 결함이 드러나게 되어 이 불상을 헐고 그 자리에 청동으로 불상을 다시 세우려는 신도들의 발원이 계속된 결과 1980년대 후반에 들어 청동 미륵대불을 세우는 불사가 시작되었다. 이 불사는 월탄 스님(당시 법주사 주지)과 많은 신도들의 원력으로 1990년에 점안(點眼; 부처님의 눈동자를 그려 넣는 일로, 불상 제작의 맨 마지막 공정) 및 회향식(廻向式; 불사의 완공식)이 거행되었다.

이 불상의 기단부는 화강암으로 조성된 2단의 원형 기단으로 주위에는 돌난간을 둘렀으며, 불상의 대좌는 청동제의 연꽃 대좌로 연꽃잎이 위아래로 쌍을 이루면서 아랫잎은 지면을 향하고 윗잎은 하늘로 향하여 둥그렇게 둘러졌다. 불신은 편단우견(偏袒右肩; 오른쪽 어깨를 드러내고 옷을 걸친 모양)의 법의(法衣)를 입고 있으며, 오른손은 들어서 손바닥을 내보이며 손가락을 위로 향하고, 왼손은 내려 손바닥을 보이는 시무외여원인(施無畏與願印; 두려움을 없애 주고 소망을 들어 준다는 상징적인 손짓)의 손 모습을 보여 주고 있다.

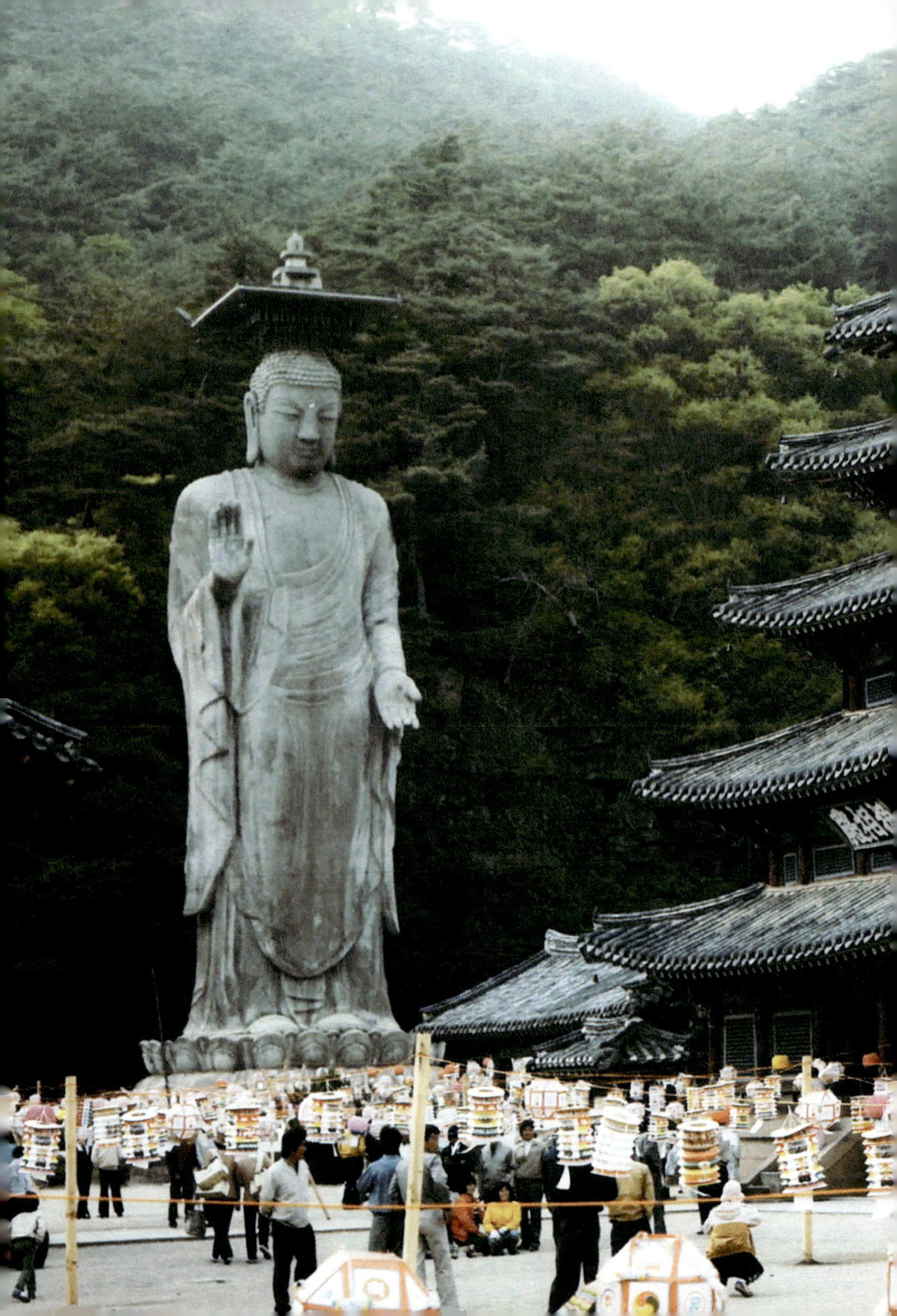

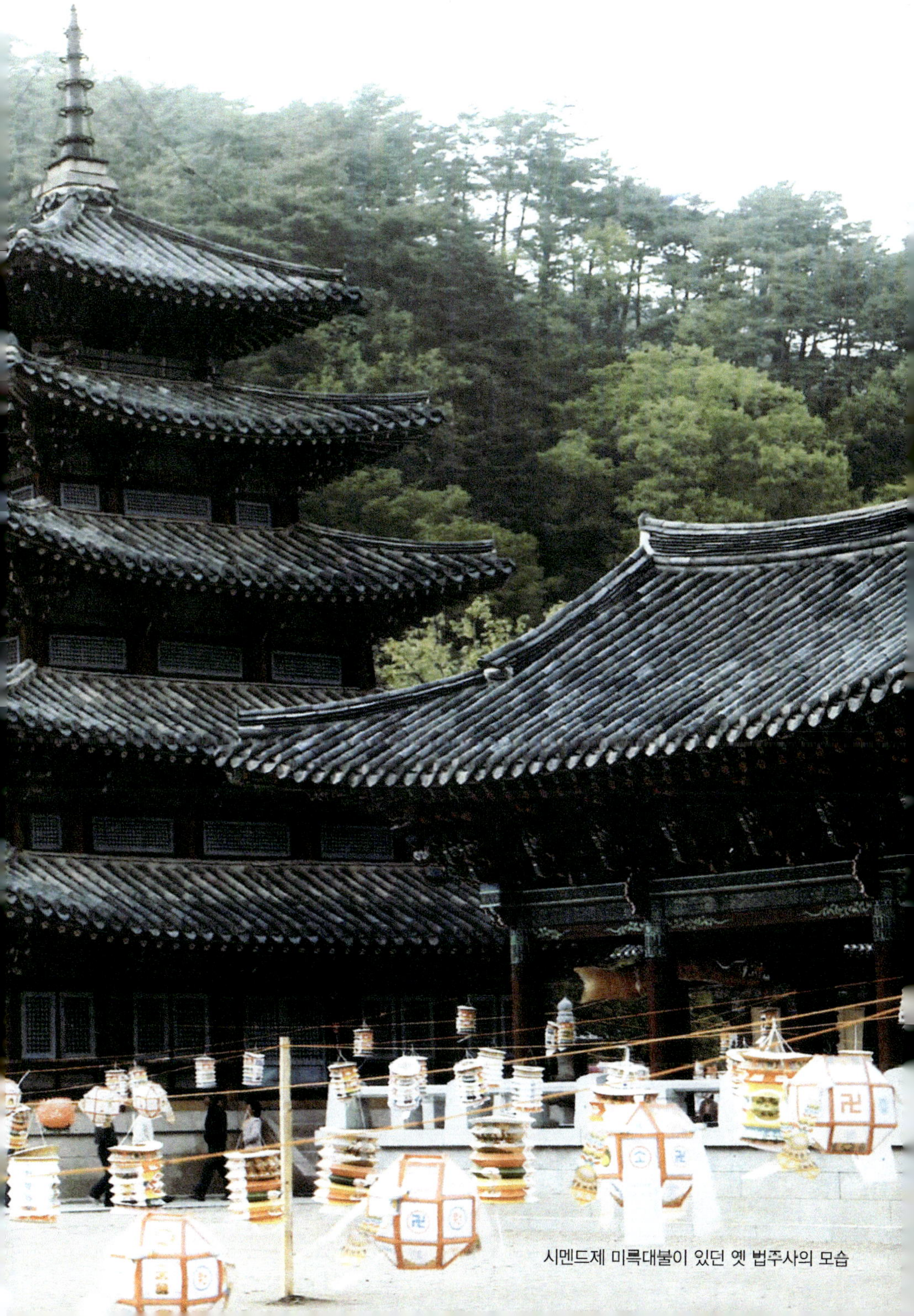

시멘드제 미륵대불이 있던 옛 법주사의 모습

얼굴은 원만하고 입가에는 미소가 흐르며 머리카락은 여러 개의 고둥 모양으로 꼬인 나발(螺髮; 소라 모양의 머리카락) 형태를 취하였다. 그리고 머리 뒤에는 둥그런 연꽃무늬와 법륜(法輪; 부처의 가르침을 상징하는 수레바퀴), 화불(化佛; 부처의 머리나 광배에 장식된 작은 불상), 불꽃무늬 등이 어우러진 투조 무늬(재료의 앞뒤를 완전히 뚫어 낸 무늬)의 머리 광배(頭光; 머리 뒤에만 둥그렇게 씌워진 후광)가 부착되어 있다.

이 불상을 제작하는 데에는 160톤의 청동이 쓰였다고 하며, 기단부는 내부 공간을 마련하여 이곳에 금동 미륵보살 반가상을 안치한 용화전을 지하 법당 형식으로 마련하고, 주위에는 전시관을 꾸며 법주사와 주변 암자에서 간직하고 있던 유물들을 진열하고 있다.

마애여래의상(磨崖如來倚象; 벼랑에 새겨진 불상, 보물 제216호)

이 불상은 법주사의 왼편으로 골짜기를 건너 사리각 옆으로 솟아 있는 추래암(墜來岩)이란 바위의 한 자락에 새겨져 있다. 높이가 5미터인 이 불상은 두 다리를 벌린 채 연꽃으로 이루어진 대좌에 앉아 있으며, 허리는 가늘고 어깨는 반듯하고 당당하며 얼굴은 온화한 느낌을 준다.

이 불상의 조형적인 특징을 살펴보면 머리 위에는 혹처럼 솟은 모습으로 나타나는 살상투가 낮게 돋아 있는데, 여기에는 구슬 장식도 눈에 띈다. 머리카락의 형태는 송글송글 말린 곱슬머리로 세밀하게 표현되었다. 벼랑에 새긴 부처 조각에서는 이처럼 세밀한 머리카락의 표현이 별로 사용되지 않는 법이나 이 불상에서는 꼼꼼하게 처리되어 인상적이다. 둥근 얼굴은 두 볼과 턱 그리고 눈·코·입술·귀 등에 살집이 넉넉하고, 입가에는 잔잔한 미소가 흐르고 있어 전체적인 인상이 온후하다.

목에는 '삼도(三道)'라고 하는 세 겹 주름이 져 있고, 어깨는 수평으로 반듯하며, 팔은 거의 어깨와 직각을 이루고 있다. 두 손은 가슴 앞으로

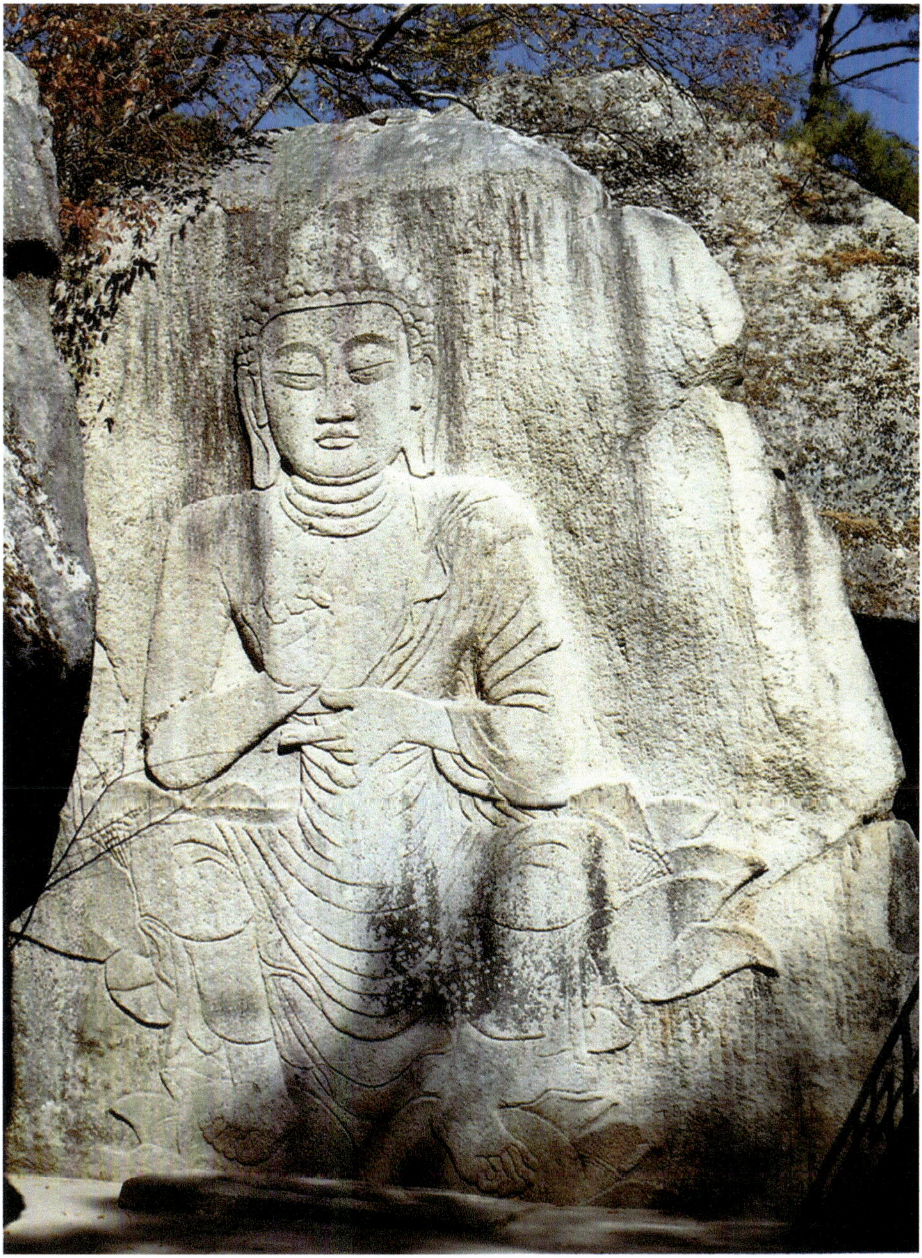

마애여래의상

들어 오른손은 손바닥을 밖으로 하여 세운 채 엄지와 가운뎃손가락을 고리처럼 오므렸고, 왼손은 손등을 밖으로 보이면서 손가락들을 약간 오므려 밑에서 받치는 모습을 하고 있다. 이러한 부처의 손 모습을 '설법인(說法印)'이라 한다. 법의는 왼쪽 어깨에만 걸쳐져 왼팔을 감싸면서 내려와 두 다리 사이로 드리워져 있는데, 옷 주름이 느슨하고 불규칙적이어서 정교한 맛은 감소된 듯하다. 여기에 어깨와 팔의 직선적인 표현과 몸의 비례에 맞지 않는 잘록한 허리의 표현이 더해져 이 불상에서는 추상적이며 민예적인 느낌도 풍기고 있다. 연꽃 장식의 대좌는 연밥과 풍성한 꽃잎을 새겨 불상의 하반신을 감싸고 있는데, 연꽃의 표현은 정교하지는 않으나 사실적이고 활기가 있으며, 발 아래에도 별도의 연꽃을 새긴 판자돌을 땅 위에 놓아 불상의 두 발을 받치고 있다.

이 불상은 우리나라에서는 보기 드문 걸터앉은 자세를 취하고 있는데, 이와 같은 자세를 한 불상으로는 경주 삼화령에서 발견된 신라시대의 석조 미륵불상을 들 수 있으나 표현 양식은 많이 다르다. 특히 이 불상에 나타나는 연꽃 장식의 대좌는 매우 특이한 예로 주목된다. 전체적으로는 부드러운 느낌이 잘 남아 있고, 약간 추상적이고 민예적인 조형성을 보여 주고 있지만, 얼굴과 손 모습의 표현은 매우 능숙하다. 아울러 불상이 갖추어야 할 형식도 완전하며, 1350년에 그려진 고려시대의 '미륵하생경변상도(彌勒下生經變相圖)'의 형식과도 동일하여 고려시대 말기에 새겨진 미륵불상으로 추정되는데, 바위 벼랑에 새겨진 것 가운데에서는 매우 우수한 작품으로 주목받고 있다.

한편 이 불상이 새겨진 벼랑의 왼편 아래쪽에는 굵고 투박한 음각선으로 짐을 실은 말과 인물 그리고 꿇어앉은 소 등이 새겨져 있어 법주사와 관련된 설화의 내용을 담은 것으로 추정되고 있다. 그리고 이 바위 북쪽의 다른 벼랑에도 또 다른 조각상이 희미하게 새겨져 있다. 분명하

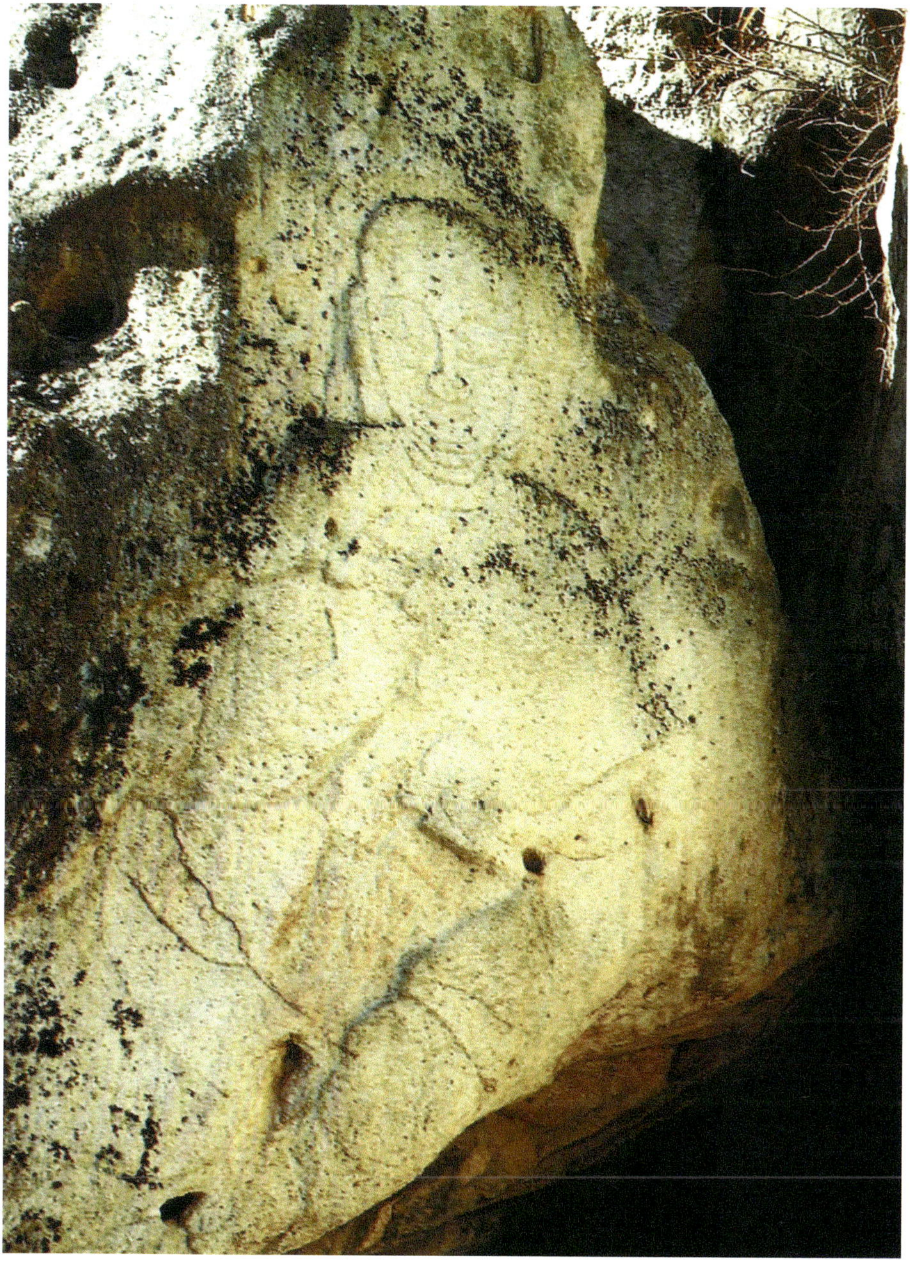

지장보살상으로 추정되는 마애상

지는 않지만 까까머리와 둥그스름한 얼굴에 앞의 불상과 같은 손 모습과 걸터앉은 자세를 하고 있으며, 왼손에는 구슬 같은 것을 들고 있다. 조형 기법이 훨씬 뒤떨어진 이 조각상은 앞의 불상을 본떠 새긴 지장보살상으로 추정되고 있다.

봉발석상(奉鉢石像; 바리를 받쳐 든 석조 인물상, 보물 제1417호)

법주사의 원통보전 뒤에 서 있는 이 석상은 양손으로 큰 그릇을 받쳐 들고 있는 모습을 하고 있는데, 일명 '희견보살상(喜見菩薩像)'으로 전해지고 있다. 높이가 2.37미터에 이르는 이 조각상은 하나의 돌에 댓돌과 조각상의 신체 그리고 머리 위의 받침돌까지를 입체적으로 새기고, 그 위로는 커다란 연꽃무늬 그릇을 또 다른 돌로 깎아서 얹고 있다.

조각상의 얼굴은 심하게 손상을 입어 뚜렷한 모습을 알 수 없고, 그릇을 받쳐 들고 서 있는 신체는 팔뚝·가슴·벌린 두 다리 등의 표현에서 강건한 느낌을 주고 있다. 어깨에 두른 겉옷은 앞가슴을 활짝 열어 놓은 채 발 아래로 드리워져 있고, 등 뒤에도 세밀하게 표현되었으며, 하반신에만 걸친 속옷은 허리에서 띠 매듭이 져 있는데 무릎 아래는 옷이 뒤로 젖혀져 두 다리의 살과 맨발이 드러나고 있다. 머리 위로는 두 팔을 들어 올려 그릇 받침대를 받쳐 들고 있으며, 그 위에 놓인 그릇 표면에는 연꽃잎이 네 겹으로 층층이 피어오른 새김 장식이 이루어져 있다.

이 조각상은 여러 곳이 훼손되어 있지만 신체의 표현 감각이 생생하고 그릇의 조형미도 세련되어 신라시대에 이루어진 작품으로 추정된다. 커다란 그릇은 앞으로 이 땅에 내려오실 미륵불에게 전하기 위하여 석가모니 부처가 남겨 둔 발우(鉢盂; 스님들의 동냥 그릇)로 생각되며, 이 보배로운 그릇을 부처님의 제자였던 가섭존자(伽葉尊者)가 미륵 부처에게 옷과 함께 전하게 된다는 내용이 『미륵하생경』에 전해져 온다.

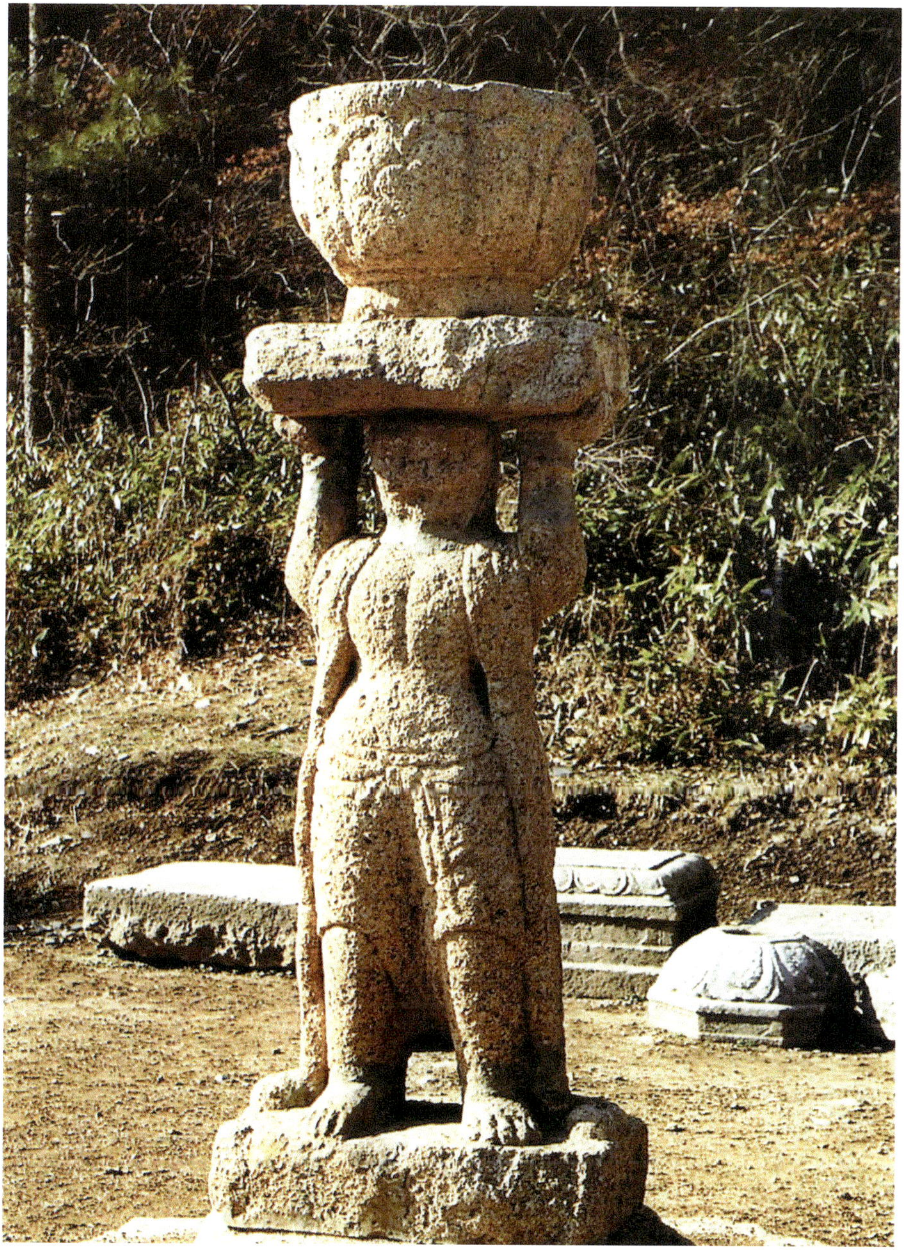

봉발석상

통도사에도 미륵전 앞에 기단을 세우고 발우를 모셔 놓은 봉발탑(奉鉢塔)이 있다. 미륵 신앙의 바탕 위에 창건된 법주사에도 미륵불을 향하여 이 같은 봉발석상을 건립할 수 있었으리라 믿어진다. 그러나 지금 그릇을 받쳐 든 주인공이 불경의 내용처럼 남루한 모습의 가섭존자인지는 분명하지 않다. 이와 같은 작품이 법주사에 유일하게 남아 있기 때문에 이 조각상의 실체가 확연히 밝혀지지 않고 있는 실정이다.

일설에는 몸과 팔을 불태워 부처님께 정성을 바침으로써 몸에서 타오른 불꽃이 1,200년 동안 꺼지지 않았다고 전해지는 『묘법연화경』의 희견보살상(喜見菩薩像)이 뜨거운 향로를 이고 있는 모습이 바로 이 조각상이라고 한다. 예로부터 부처님을 향한 공양 가운데 향 공양을 으뜸으로 여겼으므로 이 조각을 향로 공양상으로 해석하는 것도 매우 타당성이 있다고 하겠다.

대웅보전 소조(塑造) 비로자나 삼존불 좌상(毘盧舍那三尊佛坐像)

법주사 본당인 대웅전에 모셔진 3구의 거대한 불상은 흙으로 빚어낸 작품으로, 앉아 있는 불상으로서는 우리나라에서 가장 규모가 크다. 불단 위에 각각 대좌를 마련하고 나란히 모셔진 이 불상은 가운데 주존불이 비로자나불이고, 주존불 오른쪽이 석가모니불, 왼쪽이 노사나불이다.

세 불상은 손 모습만 약간씩 다를 뿐 규모와 만듦새가 동일하다. 곱슬머리 위에는 살상투가 올라 있고, 얼굴은 네모진 형상이며, 눈·코·입의 표현이 연약하다. 목이 짧아 보이며 형식적으로 단순 중첩된 옷 주름, 느슨하고 수평·수직적인 선의 처리로 일관된 신체의 표현 등에서 얼굴과 마찬가지로 굳어진 느낌을 주는 이 불상은 조선시대 후기 불상의 점잖으면서도 경직된 특징을 잘 보여 주고 있다. 이 불상은 대웅전이 중창된 1624년 이후에 제작되었을 것으로 추정되며, 얼굴의 표정은 1967년에

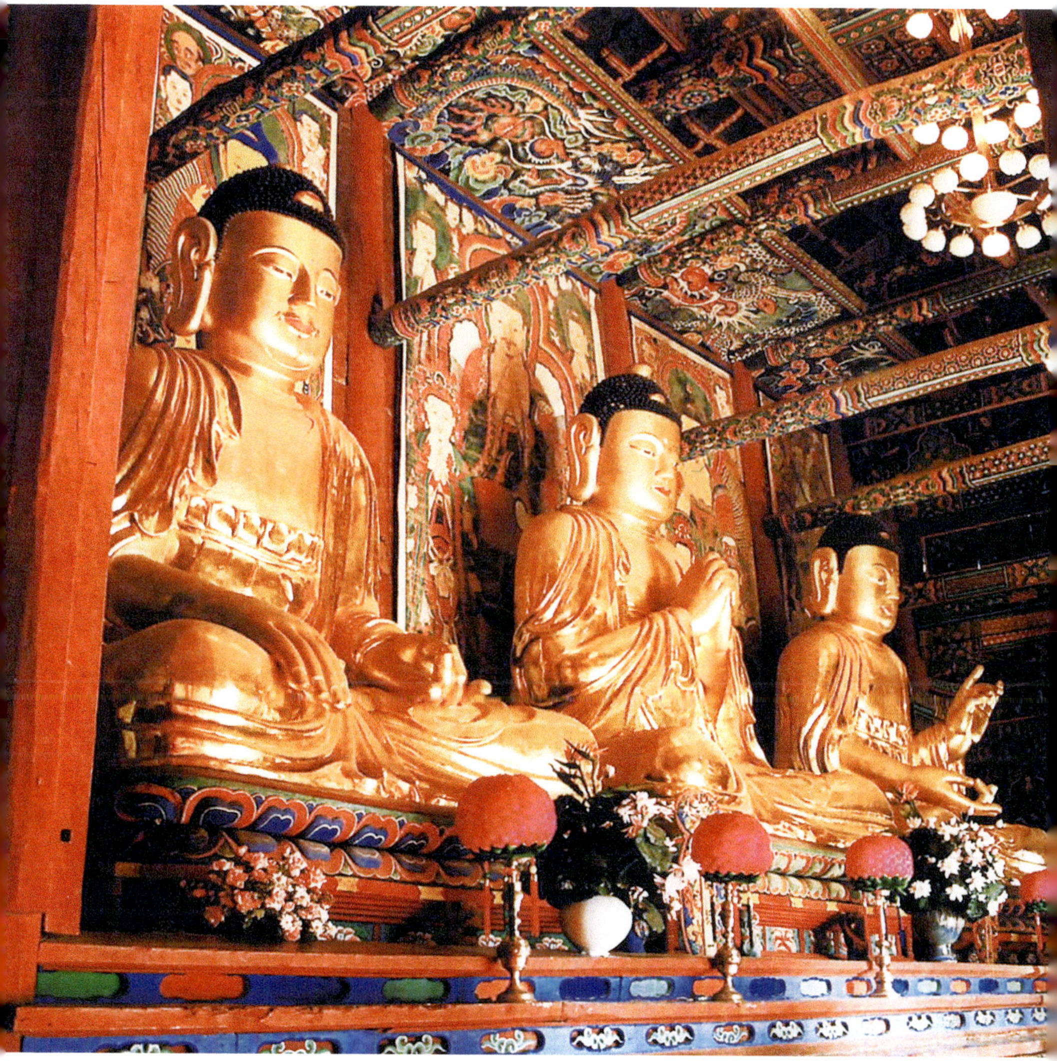

대웅보전 소조 비로자나 삼존불 좌상 법주사의 본당인 대웅전에 모셔진 이 3구의 거대한 불상은 흙으로 빚어낸 작품으로, 앉아 있는 불상으로서는 우리나라에서 가장 규모가 크다.

금칠을 새로이 하는 과정에서 약간의 변형이 있었을 것으로 생각된다.

『화엄경』에 따르면 비로자나불은 모든 부처의 세상 위에 가장 정결하고 영원히 두루 빛나는 법신(法身)의 근본 부처로 존재하며, 그 자태는 두 손을 가슴 앞에 모아서 감싸 쥐고 있는 모습으로 표현된다. 이러한 비로자나불의 손 모습을 '지권인(智券印; 지혜의 손짓)'이라 한다.

노사나불은 석가모니 부처가 과거에 오랫동안 선행을 닦은 과보의 결과로 등장한 부처로서 '보신불(報身佛)'이라 하며, 석가모니 부처는 세상에 인간의 몸으로 나와 중생을 구한 부처로서 '화신불(化身佛)'이라 하는데, 그 자태는 손바닥을 배꼽 아래 가로 모아 참선에 든 자세에서 오른손을 내어 무릎 위에 얹어 손가락들을 무릎 아래로 향하도록 한 모습으로 표현된다. 이러한 손 모습을 '항마촉지인(降魔觸地印; 마귀를 항복시키려고 땅을 가리키는 손짓)'이라 한다.

이와 같은 법신·보신·화신의 삼신불은 『화엄경』에서 비로자나 삼존불로 등장하며, 비로자나불이 단독 또는 삼존의 형식으로 불단에 모셔질 경우 그 불전의 이름에는 대적광전·대광명전·대광전·보광전 등 주로 '광(光)' 자가 들어가게 된다. 이는 비로자나(Vairocana)의 원뜻에 '빛이 두루 비친다'는 의미가 담겨 있기 때문이다. 이 밖에 '비로전'이란 이름도 자주 사용된다. 그러나 지금 이 비로자나 삼존불상이 모셔진 불전의 이름은 대웅보전으로 되어 있어 언제부터인가 주존불과의 관계를 고려하지 않고 불전의 명칭을 정하여 왔음을 알 수 있다.

원통보전(圓通寶殿) 목조(木造) 관세음보살 좌상(觀世音菩薩坐像)

이 보살상은 나무를 깎아서 제작한 높이 2.8미터의 거대한 보살상이다. 머리 위에는 연꽃과 불꽃무늬 등으로 화려하게 장식된 보관을 쓰고 있으며, 보관 한가운데의 꼭대기에는 광배(光背; 부처님의 몸을 감싸는 후

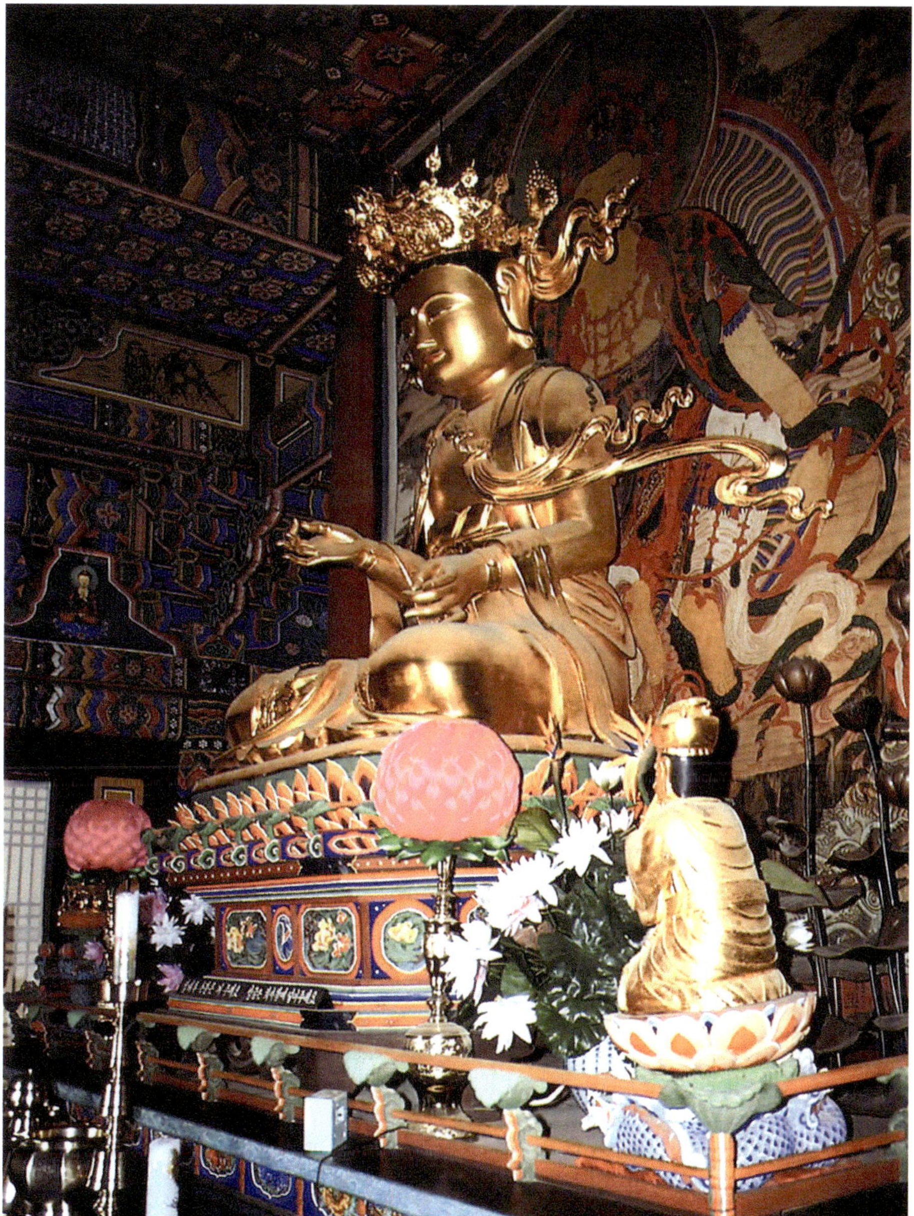

원통보전 목조 관세음보살 좌상

광과 같은 빛)를 갖춘 화불(보관이나 광배에 표현되는 작은 불상)이 있고, 보관의 양옆으로는 두 가닥씩의 띠 자락이 수평으로 하늘거리고 있다. 얼굴은 네모지고 눈·코·입은 가늘게 표현되고, 표정은 굳어져 근엄한 분위기를 자아내고 있으며, 목은 짧고 어깨의 선은 부드러운 곡선으로 구성되었다.

웃옷은 두 어깨를 덮고 있으며, 추켜 입은 속옷은 가슴 밑에서 졸라매어 끝단이 꽃잎 같은 주름을 내고 있고, 그 바깥으로 하반신을 두른 옷이 속옷의 매듭 아래로 다시 매듭을 지었고, 옷자락은 무릎 사이를 드리우면서 대좌 앞으로 흘러내렸다. 또 가슴 속의 장신구에서는 두 갈래의 띠 자락이 나와 양옆으로 나부끼고 있으며, 옷자락의 매듭 장식이나 양 무릎 사이를 덮는 옷 위의 무늬 장식이 매우 화려하다. 그러나 전체적인 구도가 엄격한 대칭을 이루고 있고 장식은 과장된 인상을 자아내고 있어 역시 조선시대 후기 보살상의 특징을 잘 간직하고 있다고 하겠다.

이 보살상은 1624년 원통보전의 중창 이후에 조성된 것으로 추정되며, 1976년에 새로이 금칠을 입힌 바 있다.

사천왕상(四天王像)

법주사의 절 안으로 들어서는 첫 번째의 문이 금강문이고, 이곳을 지나 두 번째로 통과하는 곳이 천왕문이다. 천왕문 안에는 양쪽으로 2구씩 4구의 천왕상이 험상궂게 서 있는데, 이들이 바로 절을 지키는 사천왕상이다.

이들은 흙으로 빚은 소조상으로, 높이가 5.7미터에 이르는 거구이다. 인도에서는 원래 사천왕이 하늘나라의 동서남북 4주(四州)를 다스리는 왕이었는데 나중에 불교에 귀의하여 부처님을 모신 절을 지키는 수호신이 되었다. 그리하여 처음에는 귀족의 모습을 하였으나 서역과 중국을

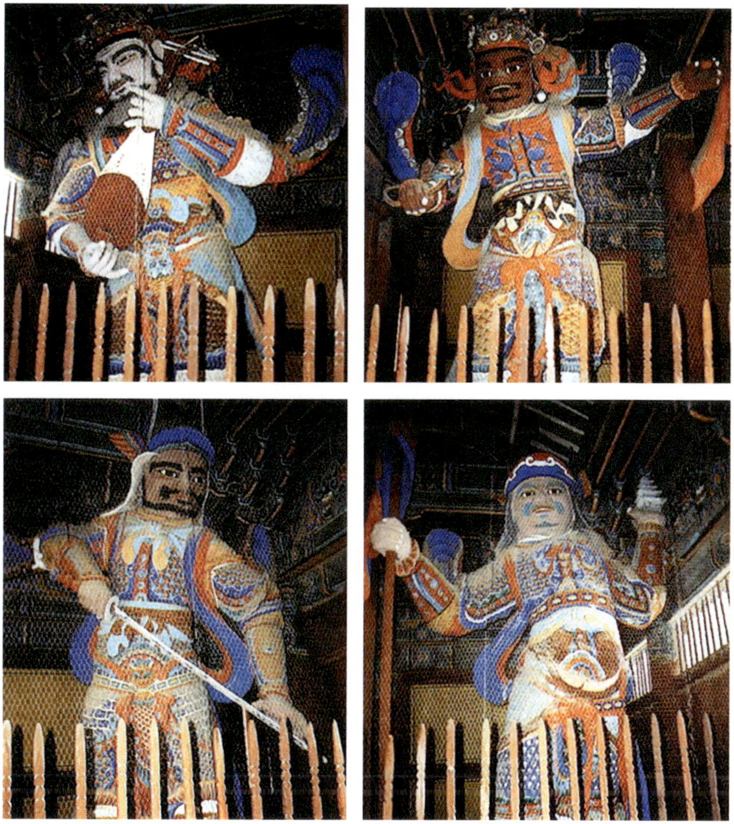

사천왕상 천왕문 안에 양쪽으로 2구씩 자리하고 있다. 위 왼쪽은 지국천왕, 오른쪽은 광목천왕, 아래 왼쪽은 증장천왕, 오른쪽은 다문천왕이다.

거쳐 오는 동안 험상궂은 얼굴로 바뀌고, 악귀를 짓밟고 서서 사악한 것이 절 안에 들어오지 못하도록 절 입구에서 경계를 하게 된 것이다.

이 사천왕상 역시 험상궂은 표정을 한 얼굴에 조선시대의 장수들처럼 갑옷으로 무장을 하고 머리에는 투구나 보관을 쓰고 있다. 조성 연대는 1624년 천왕문의 중창 이후로 추정되며, 그동안 몇 차례의 보수와 개칠 작업을 거친 바 있다. 사천왕은 각각 잡고 있는 물건에 의하여 구별되는데 동방의 지국천왕(持國天王; 불국토를 지키는 천왕)은 비파를 들고 있고,

서방의 광목천왕(廣目天王; 눈이 큰 천왕)은 용과 여의주를 쥐고 있으며, 남방의 증장천왕(增長天王; 자꾸 커지는 천왕)은 칼을 잡고 있고, 북방의 다문천왕(多聞天王; 부처님의 설법을 많이 듣는 천왕)은 보탑을 들고 있다.

석조 유물

쌍사자 석등(雙獅子石燈, 국보 제5호)

석등은 사찰에서 법당이나 탑 앞에 세워 불법의 진리를 밝히는 상징물로 세워지며, 때로는 고승(高僧)의 사리탑 앞에 세워지기도 한다. 이 석등은 예사 석등과는 달리 기둥 대신 마주 서 있는 사자상을 조각한 유별난 조형성을 보여 주고 있다. 이러한 석등을 '쌍사자 석등'이라 하는데 우리나라에는 경남 합천의 영암사지 쌍사자 석등, 국립광주박물관의 중흥산성 쌍사자 석등과 더불어 신라의 3대 쌍사자 석등으로 주목되며 그 가운데에서도 법주사의 쌍사자 석등이 단연 우수하다.

높이 3.3미터의 이 석등의 구조를 보면 우선 땅 위에 8각의 두툼한 바닥돌을 놓고 있으며, 옆면에는 각 면마다 테두리를 새기고, 윗면에는 석등을 받기 위한 3단의 턱이 져 있는데 1단은 낮게 각이 지고 2, 3단은 둥글게 단을 내었다. 댓돌은 팔각으로 옆면에 엎드린 연꽃잎을 각 면마다 홑잎으로 새기고, 꽃잎 안에는 다시 꽃무늬를 장식하였다. 그 위로는 기둥을 대신한 2마리의 사자상을 세웠는데, 이 사자들은 가슴을 맞대고 마주 선 채 뒷발로 서서 머리를 쳐들고 앞발을 위로 뻗어 위 받침을 받치고 있으며, 사자의 머리에는 갈기가 있고, 신체에는 근육의 표현이 생생하여 역동감을 주고 있다. 위 받침에는 생김새가 서로 다른 두 줄의 연꽃잎을 세워 두르고 있으며 그 위로 불발기집을 8각으로 세웠는데, 사면

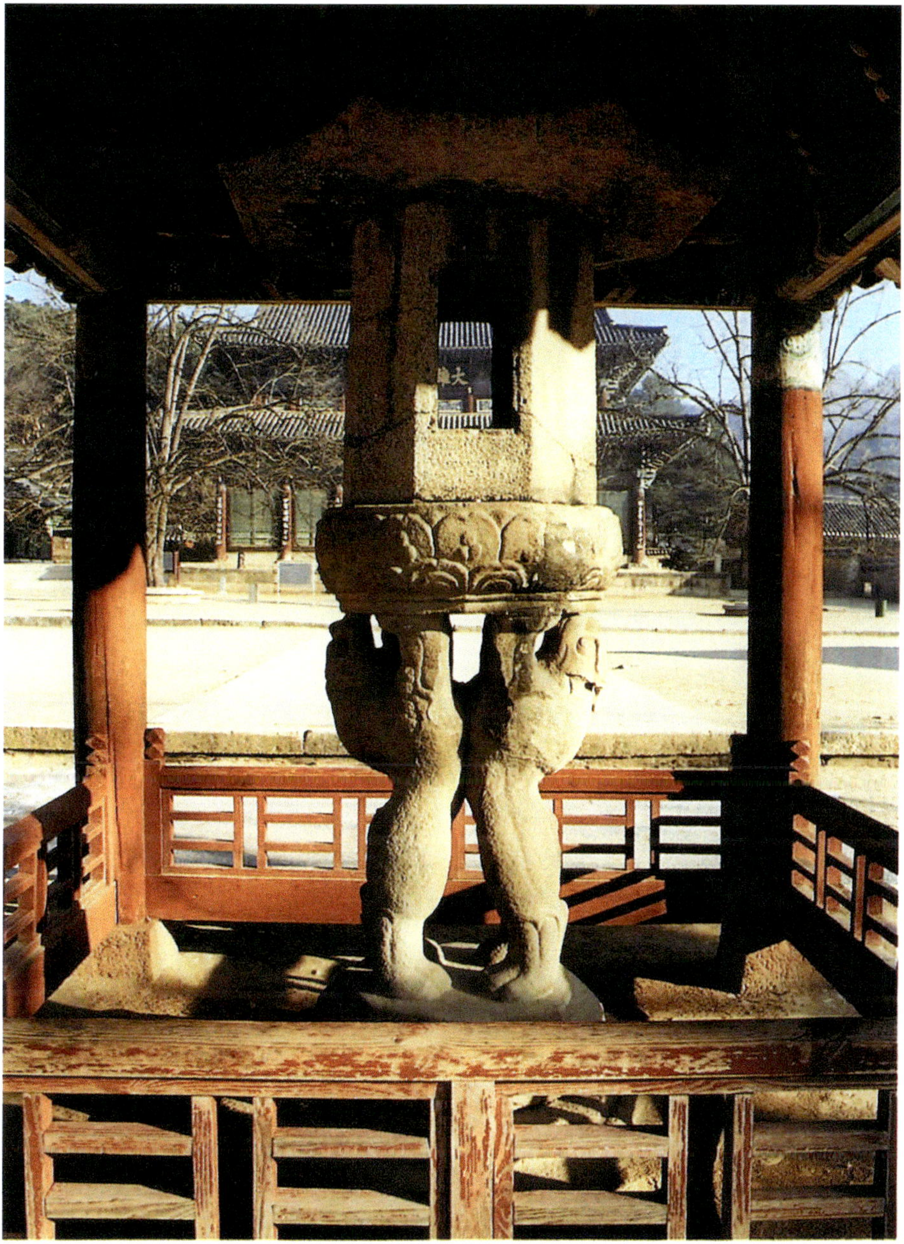

쌍사자 석등

에 교대로 직사각형의 불빛 창을 뚫고 나머지 사면에는 사천왕상을 새겼다. 불빛 창의 둘레에는 창틀 자국이 있고, 창틀을 고정시켰던 못 구멍이 군데군데에 나 있다. 지붕은 넓고 8각을 이루고 있으며, 처마 끝은 상하가 수평을 이루다가 추녀 끝에서 상단이 살짝 들리고 있다. 지붕 위는 한 개의 큰 구슬 모양 장식으로 마감하였다.

이 석등은 댓돌로부터 쌍사자와 위 받침에 이르는 부분을 하나의 돌에 입체적으로 새기면서 쌍사자의 역동감과 연꽃 장식의 아름다움을 유감없이 표현하고 있다. 아울러 이 석등은 거대한 규모와 균정한 구성 비례에서 우러나오는 장중한 품격을 보여 주는 동시에 법주사 융성기의 예술적 기량을 한껏 입증하는 9세기 중엽의 걸작이다.

사천왕 석등(四天王石燈, 보물 제15호)

법주사의 대웅보전 앞에 서 있는 이 석등은 높이가 3.9미터나 되는 커다란 규모로 이루어졌으며, 몸체에 사천왕이 새겨져 있어 '사천왕 석등'이라 불리고 있다. 전체적인 형태는 판돌 4장을 짜맞추어 바닥돌을 삼고 그 위의 석재들은 모두 8각을 이룬 받침부와 몸체로 구성되어 통일신라시대에 가장 널리 유행한 석등의 모습을 이루고 있다.

밑에서부터 살펴보면 안상(眼象; 조형물의 받침 부분을 가볍게 보이기 위하여 아름다운 윤곽으로 깎아 낸 무늬)을 새긴 8각의 댓돌 위에 연꽃잎 무늬를 덮은 8각의 밑받침, 8각의 기둥, 밑받침과 대칭을 이루는 위 받침이 차례로 놓여 받침부를 이루었는데, 위아래의 받침돌에 새겨진 연꽃잎 무늬 속에는 다시 꽃무늬 장식이 베풀어져 연꽃잎 하나하나가 화려하게 치장되었다. 석등의 몸체 역시 8각형으로 사면에 불빛 창을 직사각형으로 뚫어 내고, 창 둘레에는 창틀 자국이 있으며 군데군데에 틀을 고정시켰던 못자국이 남아 있다. 나머지의 사면에는 사천왕을 하나씩

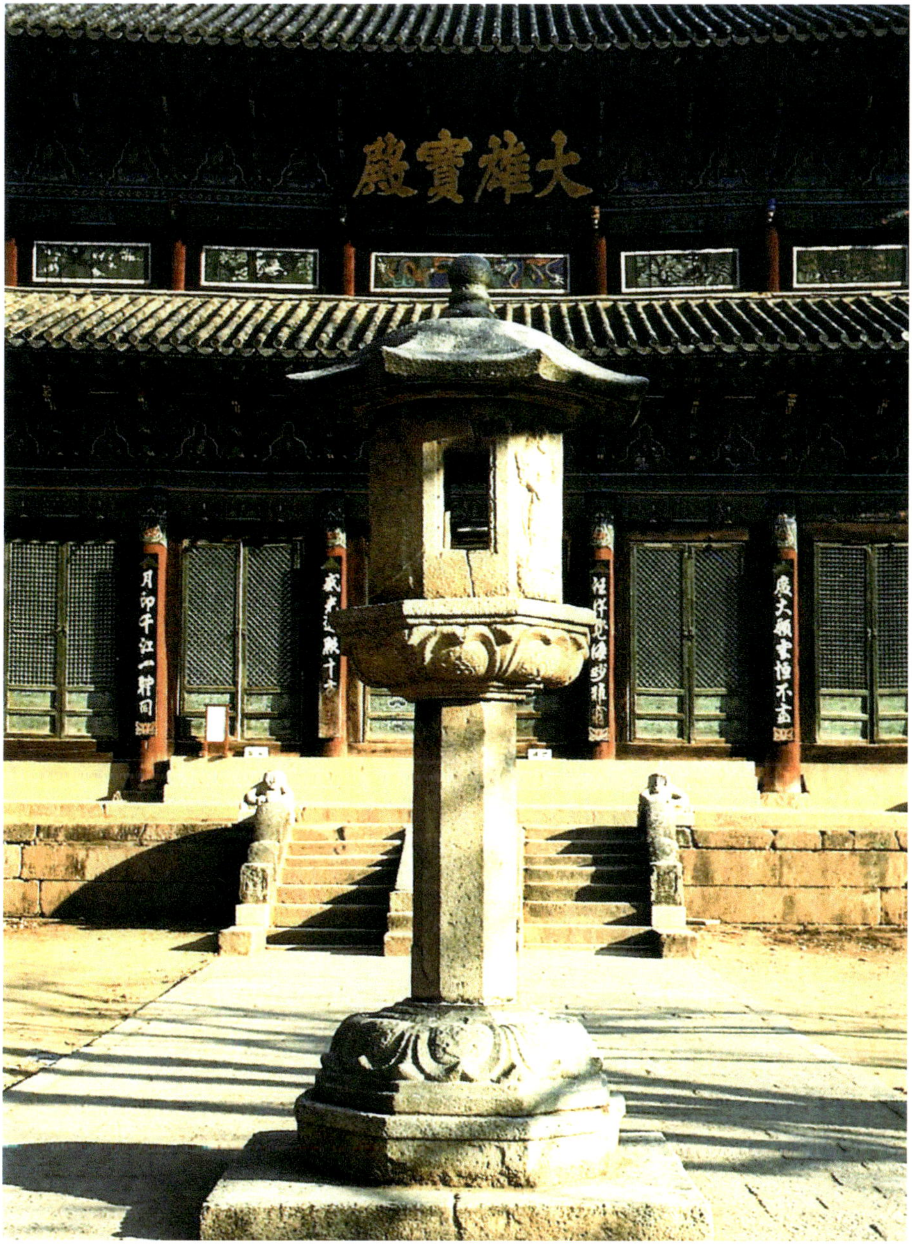

사천왕 석등

배치하였는데, 이 사천왕들이 무장을 한 채 악귀를 밟고 서 있는 모습이 입체적으로 표현되어 활기 있게 보인다. 지붕은 밑이 편편하고 처마도 수평을 이루었는데 각 모서리에서는 곡선을 이루면서 살짝 들리고 있고, 지붕 위는 경사가 완만하여 가뜬한 느낌이 든다. 지붕 위에는 보주(寶珠) 장식이 있는데 이 부분은 나중에 보수한 것 같다.

이 석등은 통일신라시대의 일반적인 석등의 기본 형식을 준수하고 균형감과 당당한 품격을 잘 드러내고 있다. 아울러 댓돌에는 유려한 안상을 내고 받침돌의 연꽃잎 무늬는 장식적으로 처리함으로써 거대한 석조물이 풍기는 차갑고 무딘 감정이 예술적인 구성을 통하여 온기 왕성하고 생명력 있는 작품으로 승화된 느낌을 주고 있다. 석등의 제작 시기는 신라 하대인 9세기 이후가 될 것이다.

석연지(石蓮池; 돌을 다듬어 새긴 연못, 국보 제64호)

8각의 댓돌 위에 커다란 반구(半球)형의 돌을 깎아 연못을 만들어 올려놓은 이 석연지는 우리나라에서는 유일한 작품이며 석조물 전체에 꽃, 구름, 난간, 덩굴 등의 무늬가 어우러져 매우 아름답게 장식되었다.

기단부는 먼저 외곽에 길쭉한 돌을 짜 맞추어 넓은 사각 테를 두르고 안쪽에 바닥돌을 놓은 다음 여기에 8각 받침돌을 올리고 있다. 커다랗고 둥그런 연꽃무늬 석조 장식물의 시각적 균형을 유지하기 위하여 이와 같이 바닥 외곽에 넓은 테를 둘러 기단부의 안정감을 꾀한 느낌이 든다.

받침돌은 8각으로 옆면에 안상을 하나씩 내고 윗면에는 3단의 낮은 층단을 낸 다음 연꽃무늬를 덮었으며, 그 위로 낮은 기둥돌이 커다란 연지를 받치고 서 있다. 이 기둥돌은 둘레가 둥그렇고 피어나는 구름의 모습을 이루고 있으며, 중간이 약간 잘쏙하고 위쪽이 도톰하여 버섯모양을 하고 있다. 이같이 구름무늬를 받친 것은 이 연지가 땅 위의 연못이

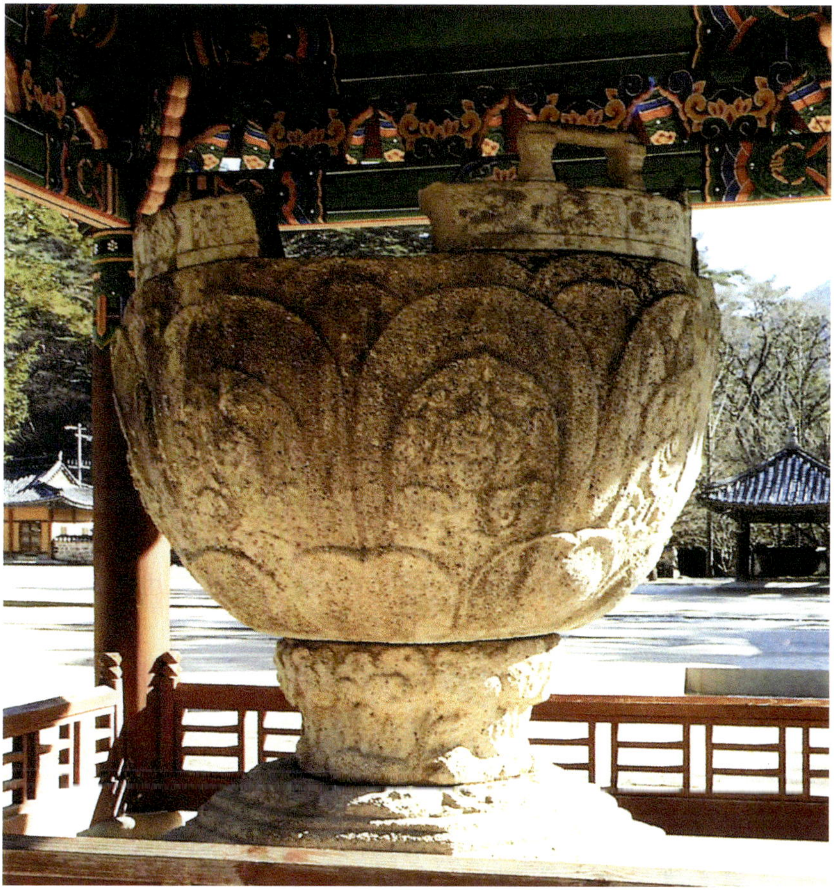

석연지 8각의 댓돌 위에 커다란 반구형의 돌을 깎아 연못을 만들어 올려놓은 이 석연지는 우리나라에서는 유일한 작품이며, 석조물 전체에 꽃·구름·난초·덩굴 등의 무늬가 어우러져 매우 아름답게 장식되었다.

아니라 천상계의 연못임을 상징적으로 표현하기 위해서인 듯하다.

연지는 반구형으로, 밑에 작은 연꽃잎 무늬를 두르고 위쪽에 다시 커다란 연꽃잎을 둘렀는데, 이 큼직한 연꽃잎 하나하나에는 보상꽃 무늬가 화려하게 도안되어 있다. 또 연지 맨 윗부분에는 동자기둥을 세우고 난간을 둘렀으며, 밑의 난간 벽에는 천인상(天人像)과 보상꽃 무늬를 섬

세하고 화려하게 조각하였다. 그리하여 커다란 석조의 연지 내부는 깊게 파서 물을 가둬 두도록 하였는데, 현재 연지와 난간에는 파손된 부분이 많다.

이 석연지는 생김새의 균형 있는 비례와 조형적인 구성 그리고 무늬 새김의 정교함 등이 돋보여 거대한 돌덩이를 한 송이 연꽃으로 변형시킨 신라시대 석공들의 절묘한 솜씨를 엿볼 수 있으며, 제작 시기는 9세기 이후로 추정된다.

석조(石槽; 돌로 만들어진 물을 가두어 두는 곳, 충북 유형문화재 제70호)

이 석조는 법주사 능인전 앞쪽에 놓여 있다. 높이가 1.3미터, 길이가 4.46미터, 너비가 2.42미터나 되어 우리나라 석조 가운데에서는 가장 크며 쌀 80가마를 채울 수 있는 부피를 지니고 있다.

바닥으로부터 맨 위에 이르기까지 수직의 벽을 이루고 있으며, 안팎의 벽체에는 아무런 무늬 장식 없이 단조로운 형태나 윗면의 가장자리는 모를 깎아서 딱딱한 느낌을 덜어내고 있다. 벽체의 두께도 다르게 설계하여 벽이 긴 쪽은 23센티미터, 짧은 쪽은 34센티미터로 두께를 조정하여 수리적인 비례와 균형을 잃지 않도록 배려한 듯하다.

이 석조의 남쪽 벽 서편 밑바닥에는 지름 11센티미터의 구멍이 나 있어서 이 유물이 실제로 물을 담아 두는 데 사용되었다는 것을 암시하고 있다. 현재 모퉁이 벽 일부의 손상 흔적을 제외하고는 거의 완전하게 남아 있는 통일신라시대의 작품이다.

세존 사리탑(世尊舍利塔; 부처님 사리 봉안탑, 충북 유형문화재 제16호)

이 사리탑은 고려 말기인 1362년에 공민왕이 홍건적을 물리치고 법주사에 행차하여 경상도 양산 통도사에 있던 사리 1개를 법주사로 옮겨

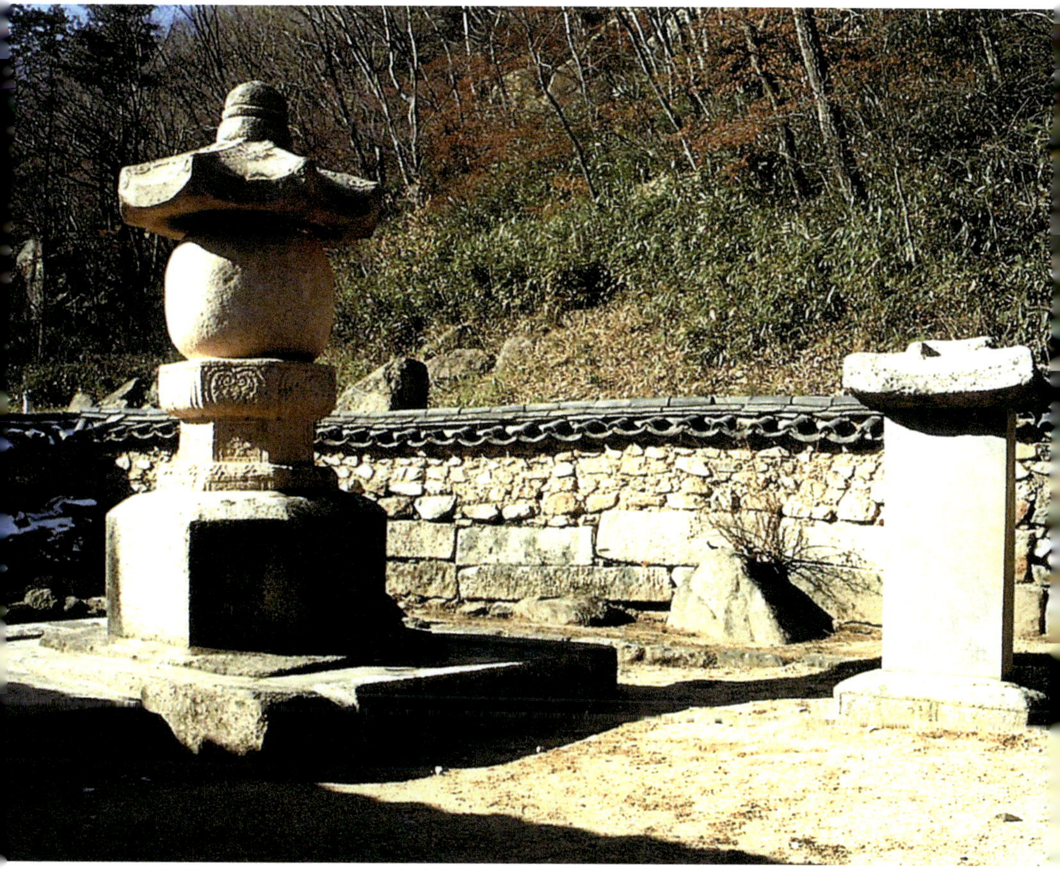

세존 사리탑과 비 이 사리탑은 고려 말기인 1362년에 공민왕이 홍건적을 물리치고 법주사에 행차하여 경기도 양산 통도사에 있던 사리 1개를 법주사로 옮겨와 봉납하기 위하여 세워진 것이라고 전한다.

와 봉납하기 위하여 세워진 것이라고 전한다.

이 탑은 평면이 8각형으로 설계되고, 하대·중대·상대로 나누어진 기단부와 탑의 몸체에 해당하는 탑신부 그리고 탑의 꼭대기를 장식하는 간략한 상륜부로 짜여졌으며, 높이는 3.5미터에 이르고 있다.

기단부는 지면 위에 네모꼴로 지대석(地臺石; 바닥돌)을 놓고 그 위로 8각형의 높은 받침돌을 얹었는데, 윗면은 모를 깎아 냈다. 이 받침돌 위로 본격적인 기단부의 하대를 놓았는데 옆면에는 솟은 꽃무늬의 안상을 새기고, 윗면은 연꽃무늬 장식으로 꾸몄다. 중대는 각 면에 귀기둥과 솟은 꽃무늬 장식의 안상을 새겨 넣고 상대를 받았으며, 상대에는 장식 무늬가 가득 찬 연꽃잎 무늬를 배치하였다.

위아래를 자른 공 모양을 이루는 탑신의 몸체에는 아무런 장식이 없으며, 지붕돌은 다시 8각을 이루면서 처마 끝이 두툼한 단면을 내고 있다. 처마의 선은 위아래가 심하게 곡선을 그리며 추녀가 위로 치솟고 있고, 지붕 위의 경사면은 지붕과 지붕이 만나는 합각에서 거의 직선으로 흘러내리고 있는데 경사의 각도는 심한 편이 아니다.

상륜부는 복발형 부재로 꼭대기를 마감하고 보륜을 한 켜 올린 다음 반구형의 보주를 얹어 간략하게 마무리하였다.

이러한 생김새의 사리탑은 고려 말기 승탑(스님의 묘탑)에서 유행한 형식으로, 탑신의 몸체가 공 모양으로 바뀌고 지붕은 처마 끝이 둔중해지며 지붕 위의 경사도 날로 심해지는 경향을 띠는데, 이러한 특징은 조선시대의 승탑에서 더욱 심화되고 있음을 볼 수 있다. 아울러 대개의 사리탑은 곧 석탑을 의미하여 그 모습이 승탑과 전혀 달랐는데, 고려 말기 이후로 들어서면 승탑과 사리탑의 모양새가 혼용되는 경우를 볼 수 있다.

복천암(福泉庵) 수암 화상탑(秀庵和尙塔, 보물 제1416호)

높이 3.02미터의 8각당형 승탑으로 조선시대 전기의 고승인 수암 화상 신미(信眉)의 묘탑이며, 법주사에 딸린 암자인 복천암에 세워져 있다.

높직한 8각의 받침돌 위에 기단부의 하대·중대·상대석이 놓였는데 아무런 장식이 없고, 두툼한 상대석 중앙에 탑신이 놓여 있다. 탑신의

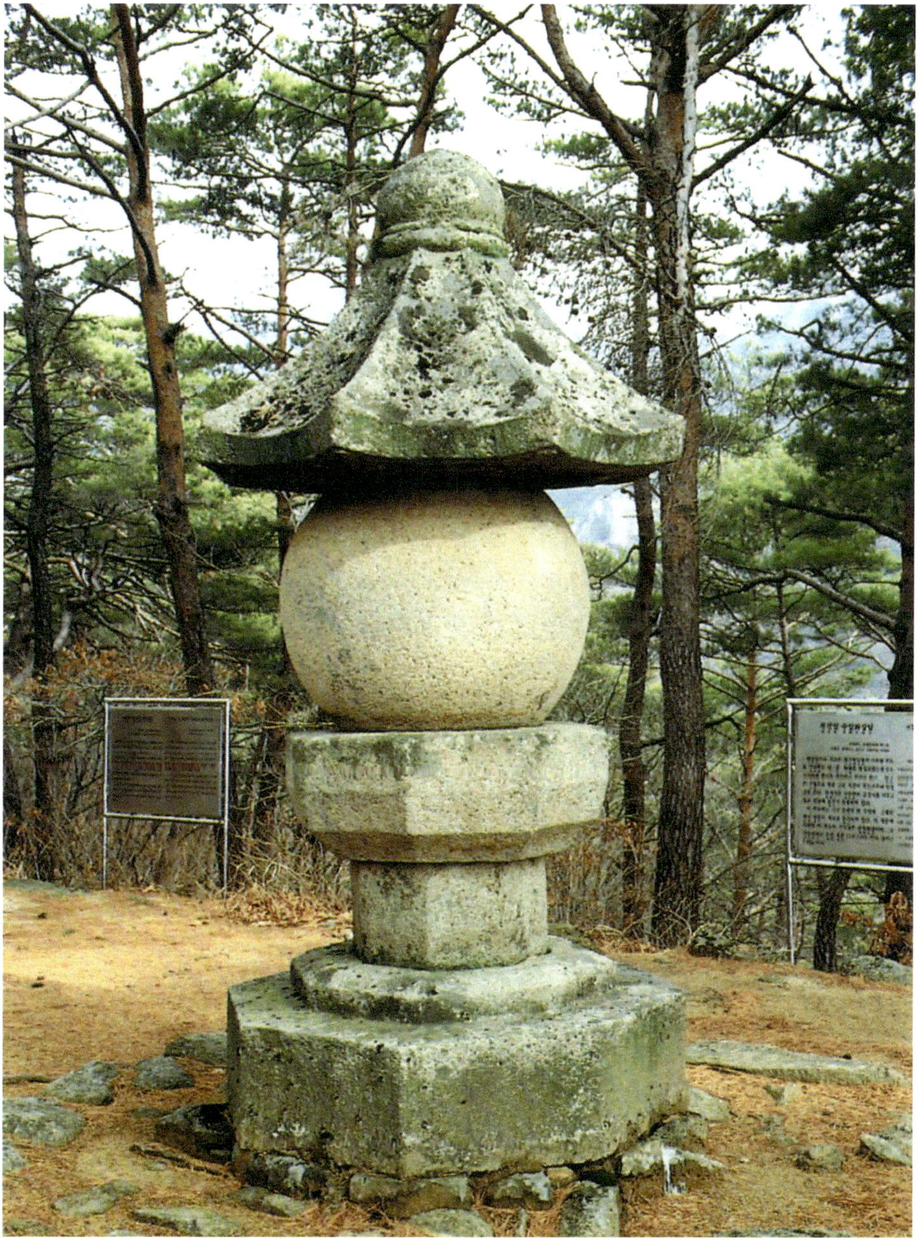

복천암 수암 화상탑

몸체는 공 모양이며, 지붕은 높이 솟아 있고, 지붕 꼭대기에는 공 모양의 보주가 얹혀 있다.

이 탑은 법주사의 세존 사리탑 형식을 따르고 있으나 제작 기법은 훨씬 단순화되고 있음을 느낄 수 있는데, 지붕의 합각을 이루는 경사면에 두터운 우동마루가 등장하는 점이 새로운 조선시대 승탑의 특징이라 할 수 있다. 기단 중대석의 한 면에는 이 탑이 1480년에 세워졌다는 기록이 새겨져 있다.

복천암 학조 등곡 화상탑(學祖燈谷和尙塔, 보물 제1418호)

이 탑은 조선시대 전기의 고승 학조 대사 등곡 화상(신미 대사의 제자로 '수미 대사'라고도 한다.)의 묘탑으로, 높이 2.96미터의 규모에 8각당형을 이루고 있으며, 복천암의 수암 화상탑 옆에 세워져 있다.

이 탑의 생김새는 수암 화상탑과 거의 비슷하다. 높직한 8각의 받침돌 위에 기단부의 하대·중대·상대가 차례로 놓이고, 탑신부는 공 모양의 몸체와 높이 솟은 지붕으로 구성되었으며 공 모양의 보주가 얹혀 있다. 지붕의 합각에는 두터운 우동마루를 표현하고, 추녀 위에 귀꽃 장식을 한 것 외에는 전혀 장식이 없다. 기록에는 이 탑이 1514년경에 세워진 것으로 전해지고 있다.

자정 국존비(慈淨國尊碑, 충북 유형문화재 제79호)

이 비석은 고려 후기의 명승인 자정 국존(慈淨國尊, 1240~1327)의 행적을 기록한 것으로, 미륵대불상이 있는 법주사 동편의 암벽을 파고 빗돌이 끼워져 있다.

이 비석의 글은 이숙기(李淑琪)가 짓고, 전원발(全元發)이 글씨를 썼다. 자정 국존은 1240년 경상도 선산에서 태어나 9세에 시경과 서경에

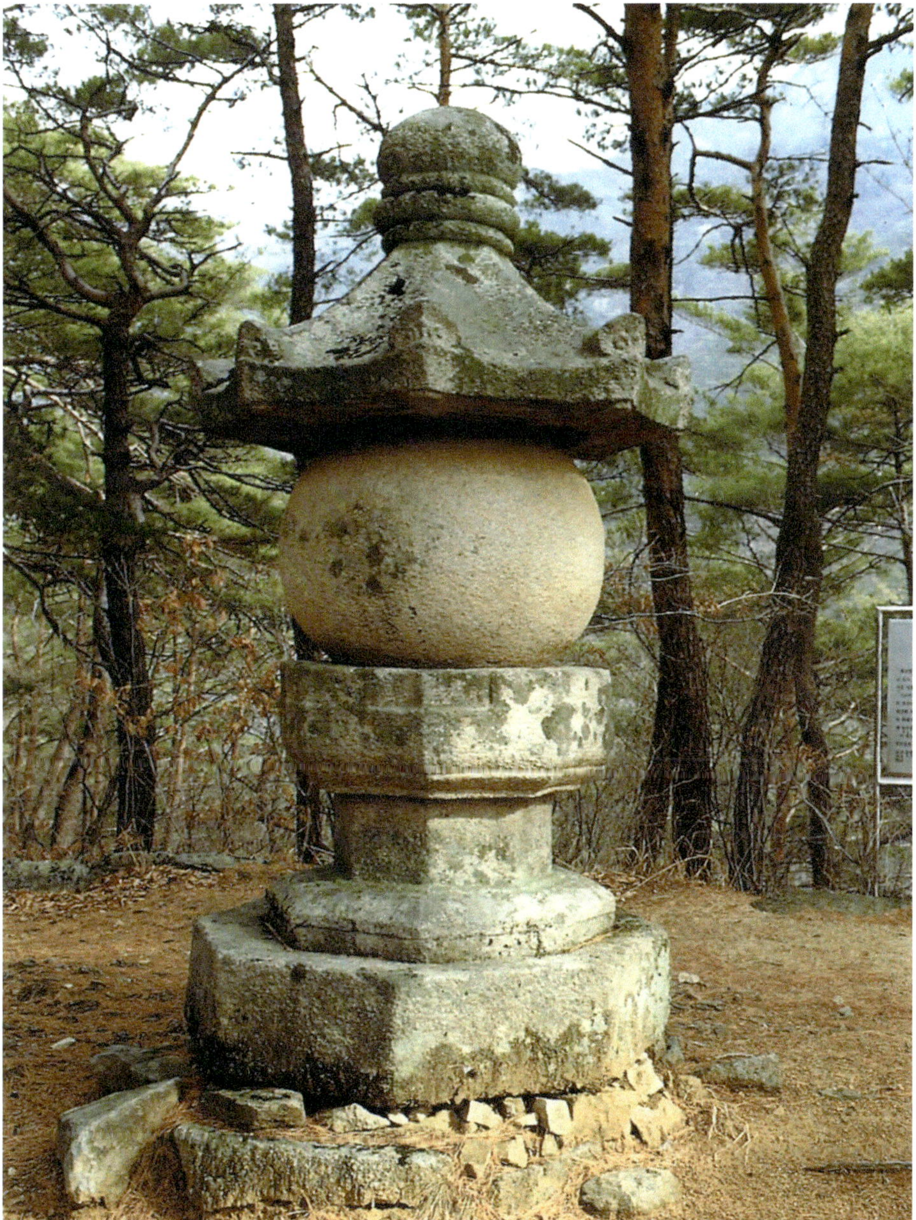

복천암 학조 등곡 화상탑

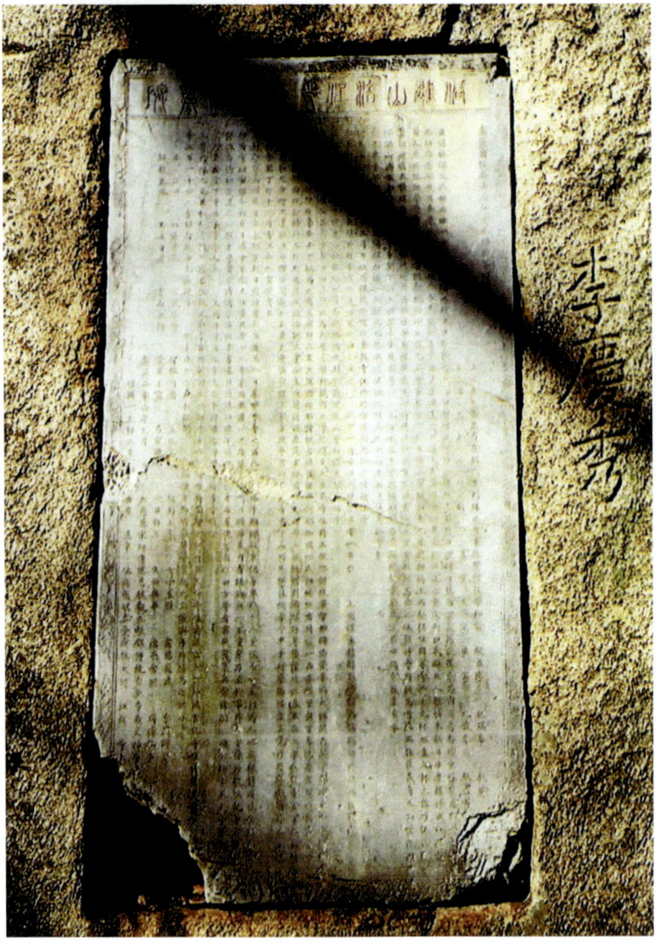

자정 국존비

통달하고, 19세에 승과에 합격하였으며, 29세에는 이미 삼중 대사(三重大師)의 지위에 올랐다. 특히 충선왕은 대사를 극진히 예우하여 고려 법상종의 우두머리인 승통(僧統)의 지위를 부여하였고, 충숙왕은 왕의 스승으로 대접하였다. 대사는 개성의 중흥사·유가사·민천사 등의 사찰을 거치고 대구의 동화사에 머무는 동안에 승려로서는 최고의 지위인 '국

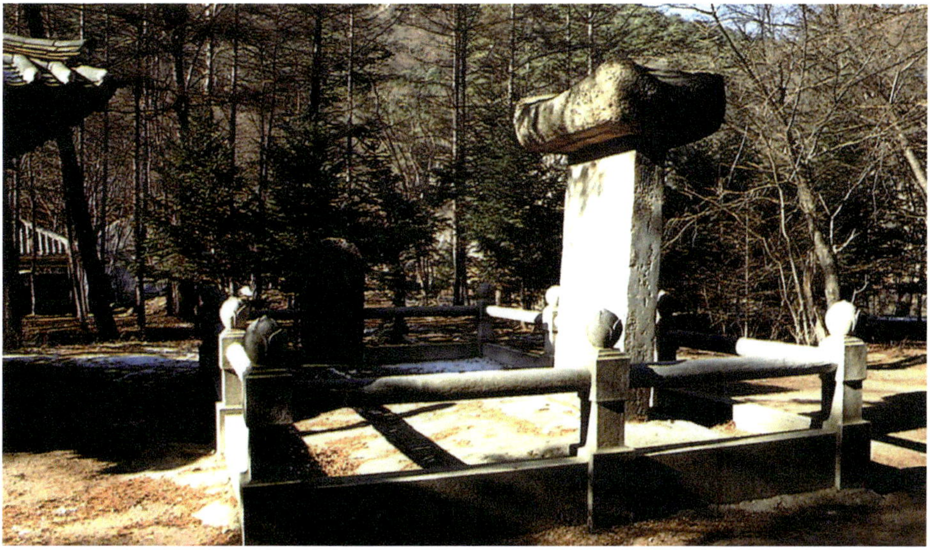

벽암 대사비

존'의 칭호를 받았고, 말년에는 법주사에 머물다 1324년에 입적하였는데 일생을 법상종의 불교 사상 연구에 몰두하였다.

현재 빗돌은 가운데가 금이 가고 밑부분이 왼쪽 일부가 없어진 상태지만 그 나머지 부분은 대체로 완전하게 남아 있다. 1342년에 완성된 것으로 기록되어 있다.

벽암 대사비(碧岩大師碑, 충북 유형문화재 제71호)

이 비석은 법주사를 크게 중창한 조선시대 중기의 고승인 벽암 대사(碧岩大師, 1575~1660)의 행적을 기록한 것으로 법주사의 금강문 앞에 세워져 있다. 대사는 1575년 보은에서 출생하여 14세에 중이 되었다. 부휴(浮休) 대사의 제자가 되어 명산고찰을 순례하였으며, 임진왜란이 일어나자 1593년에는 부휴 대사와 함께 해전(海戰)에 참가하여 공을 세우기도 하였다. 인조(仁祖) 때에는 팔도도총섭(八道都摠攝)이 되어 승도들을 이끌고 남한산성의 축조를 감독하였으며, 병자호란 때에도 승병을 조직해서 적병에 대항하였다. 대사는 이외에도 법주사 중흥이라는 대업적을 남겼으며, 1660년 구례 화엄사에서 입적하였다.

이 비석은 1664년 5월에 세워진 것으로, 약 4평 정도의 커다란 반석 위에 홈을 파고 높이 2.1미터, 폭 1.1미터, 두께 35센티미터의 빗돌을 세웠다. 비문은 정두경(鄭斗卿)이 지었고, 빗돌을 덮은 머릿돌은 우진각 지붕의 형태로 이루어졌다.

불교 회화, 금속 유물, 그 밖의 유물

괘불(掛佛, 보물 제1259호)

이 괘불 탱화는 삼베에 채색을 입힌 것으로서 가로 6.5미터, 세로 14.5미터 크기의 대작이다. 화폭 끝에 1766년에 그려진 것으로 기록되어 있는데, 이 탱화에 그려진 주인공은 아직 밝혀지지 않고 있다.

그림의 구성은 중앙에 서 있는 인물상을 배치하고 머리의 두광(頭光)과 몸체의 신광(身光)이 표현되어 있으며, 몸체와 광배는 그림의 대부분을 차지하고 있다. 여백에는 오색구름과 꽃무늬가 화사하게 배치되어 있으며, 인물 표현의 구도나 청색 계통의 빛깔에는 녹청색을 주로 쓰고 있는 점 등에서도 18세기 불화의 특징이 잘 나타나고 있다.

일설에는 이 그림의 주인공이 '미륵불'이라고도 하고 '천장보살'이라고도 하는데, 머리에 꽃으로 엮은 관을 쓰고 손에 연꽃 가지를 들고 있으며, 팔찌를 끼고 가슴에는 여러 가지 구슬을 엮은 치레 장식이 꾸며져 있는 것으로 보아 보살 탱화임에 틀림없다.

기록에 의하면 이 그림은 두훈(枓訓), 마함(魔堿), 사행(死幸), 지현(智

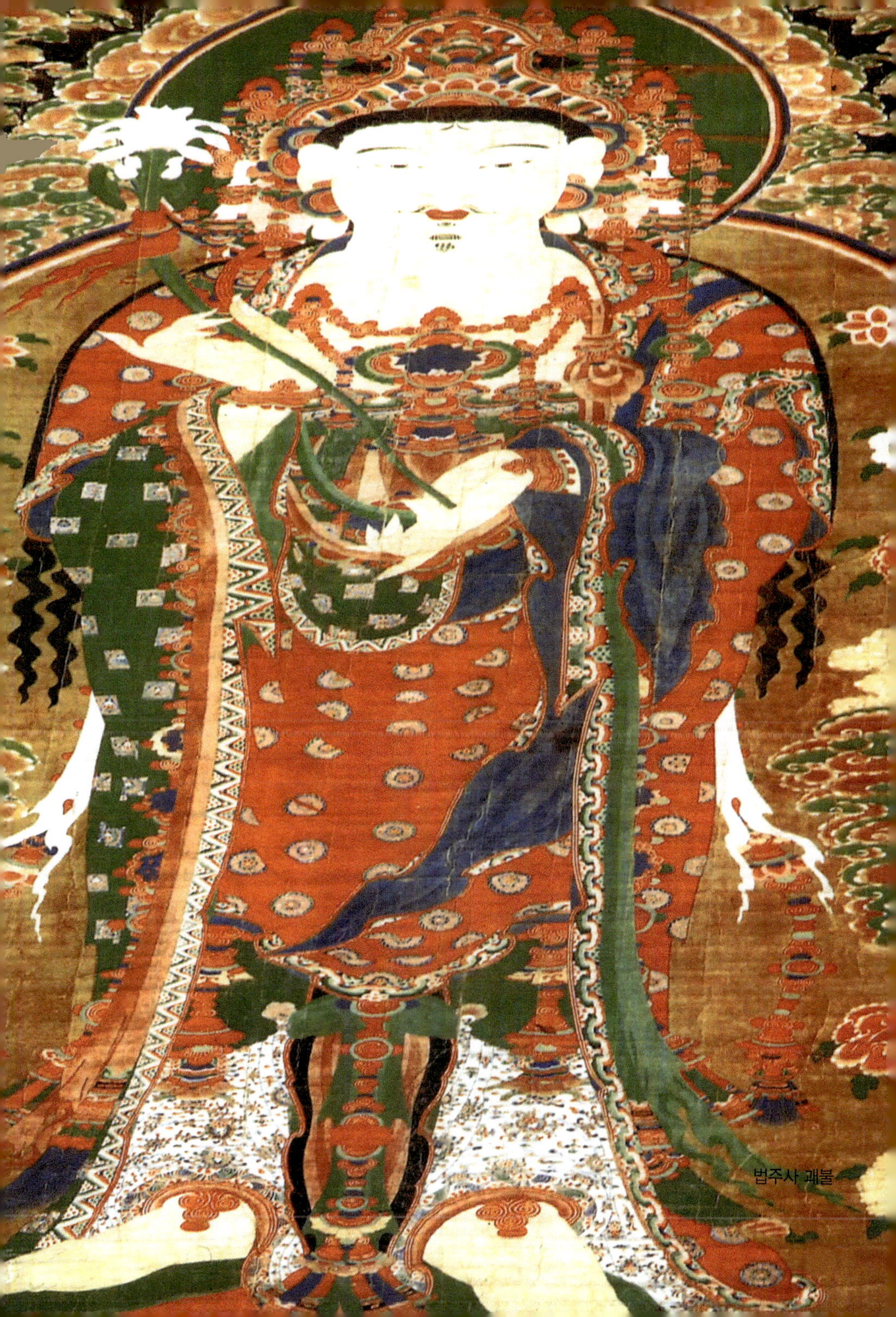
법주사 괘불

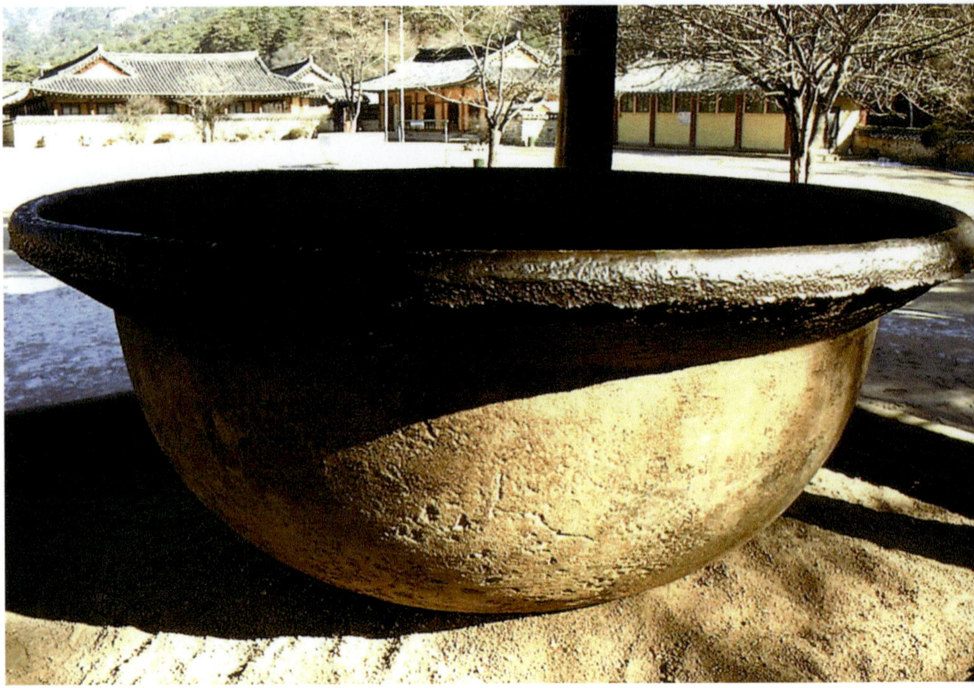

철확 금강문 가까이 보호각 안에 보관되어 있다. 원래는 조사각 뒤편의 석옹이 있는 곳에서 시냇가 쪽으로 30미터가량 떨어진 곳에 있었다가 현재의 자리로 옮겨놓은 것이다. 높이가 1.2미터, 지름 2.7미터에 둘레 10.8미터, 두께가 10센티미터나 되는 이 쇠솥은 쌀 40가마를 담을 수 있는 상당한 부피를 지니고 있다.

讓) 등의 화승(畵僧; 그림을 그리는 스님, '금어(金魚)'라고도 함.)을 포함하여 14인의 승려에 의하여 제작되었다고 한다.

철확(鐵鑊; 쇠솥, 보물 제1413호)

법주사의 금강문 가까이 보호각 안에 보관되어 있는 이 철확은 원래는 조사각 뒤편의 석옹(石甕; 돌 도가니)이 있는 곳에서 시냇가 쪽으로 30미터가량 떨어진 곳에 있었다가 현재의 자리로 옮겨진 것이다.

높이가 1.2미터, 지름이 2.7미터에 둘레가 10.8미터, 두께가 10센티미터나 되는 이 쇠솥은 쌀 40가마를 담을 수 있는 상당한 부피를 지니고 있다. 이 유물이 언제 주조되었는지는 확실하지 않지만 법주사 승려들의 식생활을 위하여 만들어진 것이라면 이 쇠솥 하나로도 법주사가 많은 승려들이 머물고 있던 대규모 사찰이라는 것을 짐작할 만하다. 이 거대한 쇠솥을 산중의 사찰에서 어떠한 방식으로 쇳덩이를 모으고 거푸집을 만들었으며 일시에 쇳물을 녹여 부어 주조할 수 있었는지 매우 궁금하며, 선조들이 이룩한 과학 기술의 업적에 경탄할 따름이다.

철당간(鐵幢竿) 및 당간 지주(幢竿支柱)

'당간'이란 사찰에서 의식을 거행할 때 나무나 쇠 혹은 돌로 만든 깃대로서 여기에 깃발을 달아 높이 세우고, 양옆에는 돌을 다듬어 깃대를 고정시키는 지주(支柱; 버팀기둥)를 세웠다.

이 당간은 그 가운데 쇠로 만든 것으로서 고려시대 전기인 1006년에 처음 제작되었다. 당시에는 50척의 높이에 구리와 철로 주조되었다고 하는데, 1866년에 대원군의 명으로 미륵불상과 함께 무너뜨려 이 쇠붙이로 '당백전'이라는 동전을 만드는 데 사용하였다고 한다. 그 후 1907년에 다시 철당간을 세웠으며, 이 철당간은 이후에도 여러 차례 손상을 입어 1927년과 1957년 그리고 1972년에 재건 공사를 한 바 있다.

현재의 당간은 2척(약 60센티미터)가량의 철통을 주조하여 위아래에 홈과 테를 만들고 이 철통 30개를 끼워 맞춰 올렸으며, 양옆에는 돌로 깎은 2개의 지주를 세워 당간을 지탱하고 있는데 전체의 높이는 22미터에 이르고 있다.

신법천문도설 병풍(新法天文圖說屛風, 보물 제848호)

이 천문도 병풍은 1743년에 제작된 것으로 8폭으로 구성되어 있는데 매폭의 크기는 가로 56센티미터, 세로 183센티미터이며, 현재 청동 대불 지하 전시관에 진열되어 있다.

이 병풍은 첫 폭에 천문도의 내용과 관련된 도설(圖說)을 적고, 둘째 폭부터 일곱째 폭까지는 해와 달과 별자리의 위치와 움직이는 궤도를 그린 천문도를 배치하고, 여덟째 폭에는 이 천문도의 제작에 참여한 관리들의 직책과 이름을 기록하고 있다.

이 천문도는 하늘을 북극권과 남극권으로 나누어 천체의 운행을 표시하였는데 그 표시법이 종전의 천문도와 달라 18세기 이후 서양인 쾨글러가 연구한 새로운 천체관에 의하여 제작된 것으로 보여지며, 당시 조선에서는 김태서와 안국빈을 중국에 파견하여 이 천문도법을 배워 오도록 하였다. 이 천문도는 규모도 매우 커 300개의 별자리에 3,083개의 별을 그려 넣은 것이라고 하는데, 지금도 1,855개 이상의 별을 헤아릴 수 있을 정도로 매우 꼼꼼하고 한 치의 오차도 없는 정밀한 도면을 질긴 갈포(葛布) 위에 그려 내고 있다. 그러나 그간의 미숙한 보존으로 천문도 일부가 좀먹고 마멸되어 각 별자리에 표기된 이름이 곳곳에서 누락된 현상을 보여 주고 있다.

또한 중국의 천문도와도 구별되는 조선식의 표기도 더러 등장하는 것으로 보아 이 천문도는 새로운 지식의 습득을 바탕으로 하여 국가적인 차원에서 제작된 것으로 추정된다.

선조 어필 병풍(宣祖御筆屛風)

원래 이 병풍은 한때 선조가 법주사의 부속 암자인 중사자암(中獅子庵)에 머물던 인연으로 영조 때 하사받은 것이다. 현재 청동 대불 지하 전시관에 진열되어 있으며, 모두 8폭으로 한 폭당 규격은 가로 67센티미터, 세로 190센티미터로 되어 있다.

철당간과 당간 지주
(맨 오른쪽, 오른쪽)

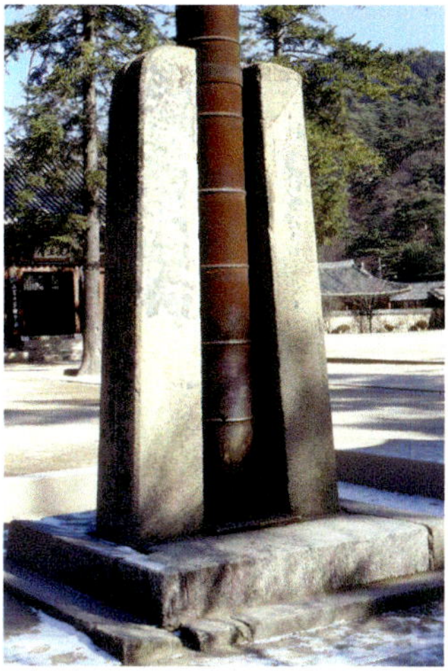

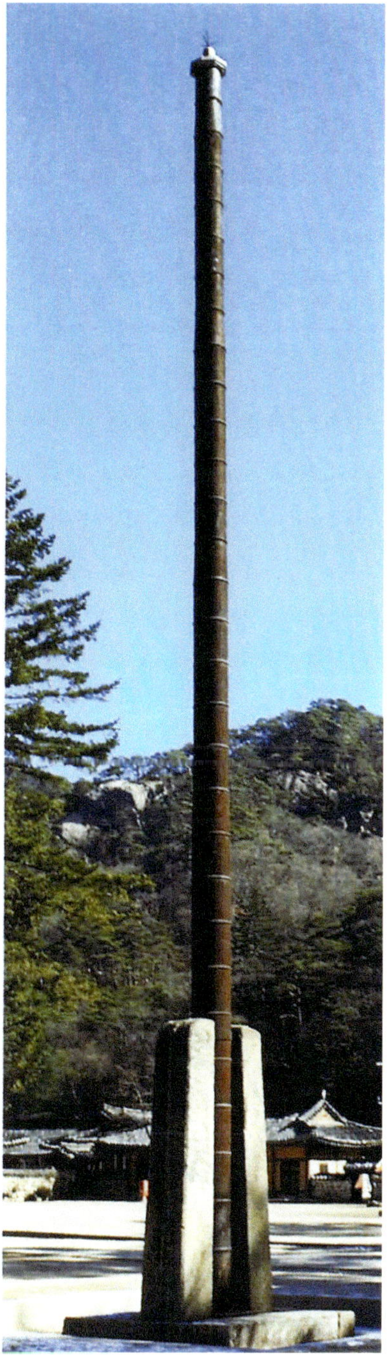

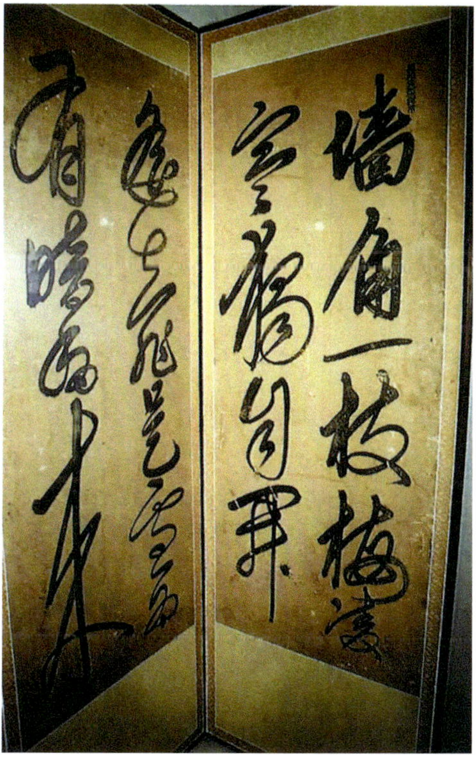

선조 어필 병풍 1758년 영조가 천문도 병풍을 포함한 4개의 병풍을 하사할 때 같이 보내 준 것으로 전해지고 있다.

선조는 속리산의 여러 암자 가운데에서도 중사자암을 즐겨 찾았으며, 현재의 암자 남쪽으로 원당(願堂)을 짓고 곡식을 하사하였다고 한다.

이 병풍에 능란한 초서체(草書體; 붓글씨에서 가장 심하게 흘려 쓰는 필체)의 붓글씨로 쓰인 시구는 그 내용으로 보아 선조가 산중에 머물 당시 노년의 외로운 분위기를 읊은 것으로 추정된다. 선조는 초서에 재능이 있었다고 하는데, 이 병풍은 1758년 영조가 천문도 병풍을 포함한 4개의 병풍을 하사할 때 같이 보내 준 것으로 전해지고 있다. 병풍에 쓰인 시구의 내용을 풀어 보면 다음과 같다.

제1폭

墻角一枝梅　담벼락 모퉁이의 한 가지 매화여

凌寒獨自開　추위를 아랑곳 않고 홀로 피어 있구나

제2폭

遙知非是雪　멀리서도 알겠거니 눈송이가 아닌 것을

爲有暗香來　그윽한 향기 풍겨 오기 때문일세

제3폭

白髮三千文　나의 백발 삼천문은

緣愁似開長　시름에 겨워 이다지도 길어진 겐가

제4폭

不知明鏡裏　거울 속의 내 모습 알 수가 없네

何處得秋霜　그 어디서 가을 서리 같은 머리칼을 얻었던고

제5폭

山中春已晩　산중에도 봄기운은 이미 가득한데

處處見花稀　여기서도 저기서도 꽃은 보기 힘들어

제6폭

明日來無盡　내일은 끝도 없이 찾아오건만

林間宿不歸　숲속에 잠든 채 돌아가지 못함이여

제7폭

渭水春天樹　위수에는 봄나무

江東日暮雲　강동에는 저녁 구름

제8폭

何時一樽酒　언제나 한 통 술로

重三細論文　재삼 자세히 글줄을 논할거나

법주사 소장 유물 일람표

소장처		유물 명칭	크기	제작 시기	비고
법주사	경내	청동미륵대불	높이 33m	1990	
		마애여래의상	높이 5m	고려 후기	보물 제216호
		마애보살좌상		고려 후기	
		세존 사리탑	높이 3.5m	1362	충북 유형 제16호
		3층 석탑	높이 2.6m	고려	기단에 팔부중상
		3층 석탑	높이 2.3m	고려	
		철당간	높이 22m	1973	1006년 초건
		무명승탑	높이 165cm		
		조선대종사석상지탑, 비	높이 290m(탑)	1949	
		금오당태전지탑, 비	높이 290cm(탑)	1973	
		쌍사자 석등	높이 3.3m	통일신라	국보 제5호
		석연지	높이 1.95m	통일신라	국보 제64호
		사천왕 석등	높이 3.9m	통일신라	보물 제15호
		봉발석상(회견보살상)	높이 2.37m		보물 제1417호
		석조	130×446×242cm	통일신라	충북 유형 제70호
		석등		통일신라	
		노주석			
		추래암 3층 석탑	높이 270cm	고려	
	승원	범종	높이 171cm	1804	1975년에 깨어짐.
		석옹	깊이 약 3m		
		철확(철솥)	지름 2.7m	고려	보물 제1413호
		법주사사적기	40×28cm	1873	
		영빈방수본(2본)	40×30cm(3면) 35×20cm(4면)	1765	
		예조완문(9면)	35×35cm	1851	
		동종	높이 75cm	1636	중사자암에서 옮김.
	성보전시관	목조아미타불좌상	높이 75cm	조선 후기	여적암에서 옮김.
		칠성탱화		1881	
		경판각종		조선 후기	
		천왕탱화(3점)		1905	
		신법천문도설병풍(8폭)	매폭 184×56cm	1743	보물 제848호
		팔상계축원록		1909	
		복천구적		1910	
		영사첩		1910	
		대법주사초혼기		1699	
		법주사도	125×65cm	조선 말기	종이에 채색
		선조어필병풍(8폭)	매폭 197×67cm	17세기 초	초서체 시문
	대웅보전	소조비로자나삼존불상	높이 5.5m	조선(17C 이후)	3점
		비로자나후불탱화	616×348cm	1925	종이에 채색
		노사나후불탱화	616×210cm	1925	종이에 채색
		석가후불탱화	616×210cm	1925	종이에 채색
		신중탱화	308×348cm	1897	비단에 채색
		삼장탱화	299×330cm	1828	삼베에 채색
		괘불탱화	14.5×6.5m	1766	삼베에 채색
		금고	지름 85cm		

소장처		유물 명칭	크기	제작 시기	비고
	팔상전	금동사면불좌상(3점)	높이 85cm	근래 조성	
		금동석가열반상	길이 95cm	근래 조성	
		옥돌천불상	높이 35cm	조선(17C 이후)	
		팔상탱화	201×90cm	1897	8면 4폭
	원통보전	목조관음보살좌상	높이 2.8m	조선(17C 이후)	
		보살탱화	4.0×3.26m	1897	삼베에 채색
		신중탱화	184×150cm	1897	삼베에 채색
	삼성각	산신탱화	80×115cm	1976	삼베에 채색
		독성탱화	80×115cm	1976	삼베에 채색
		칠성탱화	150×130cm	1976	삼베에 채색
	능인전	석가후불탱화	173×213cm	1896	종이에 채색
		신중탱화	167×167cm	1896	종이에 채색
		나한도	158×175cm	1896	종이에 채색
	조사각	진영도(6점)	120×80cm		비단에 채색
		진영도(12점)	120×80cm		삼베에 채색
		비장탱화(여래 7, 보살 4, 금강 8, 명황 10점)	130×80cm	1905	삼베에 채색
	종각	범종	높이 240cm	1975년 이후	교체된 종임.
		큰북	지름 155cm	1965	
		목어	길이 340cm		
		운판	125×125cm	1975	
	천왕문	소조사천왕상	높이 5.7m	조선(17C 이후)	
	금강문	금강역사상	높이 5.2m	1974	
		문수·보현보살상	높이 5.2m	1974	
복천암		수암화상(신미)탑	높이 302cm	1480	보물 제1416호
		학조등곡(수미)화상탑	높이 296cm	1514	보물 제1418호
		복천사중수보권문		1449	
		속리산복천사화후 중창상량문		1735	
		복천사극락궁전중수상량문		1808	
	극락전	목조아미타불좌상	높이 1.2m		
		목조관음보살좌상	높이 1.0m		
		목조대세지보살좌상	높이 1.0m		
		목조관음상	높이 46cm		
		소조석가여래좌상	높이 55cm		
		소조16나한상	높이 30cm		
		후불탱화	2.8×5.0m	1909	삼베에 채색
		신중탱화	215×175cm	1795	삼베에 채색, 대웅전에서 옮김.
		칠성탱화	200×210cm		삼베에 채색
		독성탱화	110×80cm	1909	삼베에 채색
		신미대사영정	163×63cm	1909	삼베에 채색
		동종	높이 1.0m		

소장처		유물 명칭	크기	제작 시기	비고
	나한전	후불탱화	1.3×1.5m	1909	삼베에 채색
		후불탱화(2점)	1.3×2.4m	1965	삼베에 채색
		후불탱화(2점)	1.3×1.2m	1965	삼베에 채색
		산신탱화	122×164cm	1966	삼베에 채색
		동종	높이 1.0m	1959	
		금동삼존불좌상		1737	
상환암		동종		1943	
		순조태실 및 태실비	높이 2.8m(비)	1806	창경궁으로 옮김. (1928, 충북 유형 제11호)
	원통보전	석조여래좌상	80cn		
		석조관음보살좌상	60cm		
		석조대세지보살좌상	60cm		
		후불탱화	125×150cm	1959	삼베에 채색
		신중탱화	100×80cm	1959	삼베에 채색
	삼성각	독성탱화	110×100cm	1959	삼베에 채색
		산신탱화	110×90cm	1958	삼베에 채색
관음암	인법당	동종		1968	
		석고관음상	높이 80cm		
		달마도	100×70cm	1930년대	삼베에 채색
봉곡암	법당	석고약사불좌상	160cm		
		후불탱화	20×210cm	1973	삼배에 채색
		동종	64cm		
	삼성각	독성상	43cm		
		신중탱화	125×100cm		
		산신탱화	130×100cm		
		독성탱화	175×115cm		
동암	법당	목조석가여래좌상	77cm		
		후불탱화	127×247cm	1980	광목에 금채색
	정오선당	목조석가여래좌상	77cm		
중사자암		석종형부도	높이 103cm		
	법당	비로자나불상	93cm		
		후불탱화	121×187cm	1896	
		신중탱화	101×85cm	1909	
		동종	47cm		
	삼성각	칠성탱화	121×152cm	1963	
		산신탱화	121×9lcm	1960	
		독성탱화	121×96cm		

소장처		유물 명칭	크기	제작 시기	비고
여적암		다층석탑	1.7m	고려	
	법당	목조아미타불좌상	75cm	조선 후기	전시관으로 옮김.
		후불탱화	130×188cm	1964	
		신중탱화	145×120cm	1897	
		동종	47cm	1966	
	삼성각	칠성탱화	35×159cm	1909	
		독성탱화	88×69cm	1969	
		산신탱화	89×94cm	1969	
탈골암		다층석탑	212cm	고려	
	법당	동종	46cm		
		석조약사불좌상	높이 95cm	고려(추정)	
		후불탱화	210×151cm	1909	광목에 채색
		신중탱화	174×119cm	1966	광목에 채색
	삼성각	칠성탱화	135×159cm	1909	광목에 채색
		산신탱화	114×139cm	1976	광목에 채색
		독성탱화	114×141cm	1976	광목에 채색
상고암	극락전	석조아미타불좌상	68cm		
		석조관음보살좌상	38cm		
		석조대세지보살좌상	36cm		
		후불탱화	125×195cm	1962	
		관음보살탱화	139×162cm	1966	
		칠성탱화	139×162cm	1966	
		신중탱화	129×146cm	1962	
	영산전	석가여래좌상	높이 35cm		
		후불탱화	110×27cm	1976	
		산신탱화	138×162cm	1966	
수정암	극락전	목조아미타불좌상	높이 92cm		
		아미타후불탱화	210×320cm	1973	광목에 채색
		석조약사불좌상	높이 92cm		
		약사후불탱화	136×203cm	1973	광목에 채색
		신중탱화	138×205cm	1973	광목에 채색
		칠성탱화	146×182cm	1920	광목에 채색
		산신탱화	125×144cm	1920	광목에 채색
		동종	54cm	1973	
	선방	목조관음보살좌상	높이 39cm		
		후불탱화	156×250cm	1915	
		신중탱화	135×156cm	1915	
		동종	높이 54m		

빛깔있는 책들 103-34

법주사

초판 1쇄 발행 | 1994년 8월 30일
초판 5쇄 발행 | 2022년 4월 10일

글 | 최현각·김봉렬·소재구
사진 | 김종섭
발행인 | 김남석

발행처 | ㈜대원사
주　소 | 06342 서울시 강남구 양재대로 55길 37, 302
전　화 | (02)757-6711, 6717~9
팩시밀리 | (02)775-8043
등록번호 | 제3-191호
홈페이지 | http://www.daewonsa.co.kr

값 13,000원

ISBN | 89-369-0156-7 00220
978-89-369-0000-7 (세트)

빛깔있는 책들

민속(분류번호:101)

1 짚문화	2 유기	3 소반	4 민속놀이(개정판)	5 전통 매듭
6 전통 자수	7 복식	8 팔도 굿	9 제주 성읍 마을	10 조상 제례
11 한국의 배	12 한국의 춤	13 전통 부채	14 우리 옛 악기	15 솟대
16 전통 상례	17 농기구	18 옛 다리	19 장승과 벅수	106 옹기
111 풀문화	112 한국의 무속	120 탈춤	121 동신당	129 안동 하회 마을
140 풍수지리	149 탈	158 서낭당	159 전통 목가구	165 전통 문양
169 옛 안경과 안경집	187 종이 공예 문화	195 한국의 부엌	201 전통 옷감	209 한국의 화폐
210 한국의 풍어제	270 한국의 벽사부적	279 제주 해녀	280 제주 돌담	

고미술(분류번호:102)

20 한옥의 조형	21 꽃담	22 문방사우	23 고인쇄	24 수원 화성
25 한국의 정자	26 벼루	27 조선 기와	28 안압지	29 한국의 옛 조경
30 전각	31 분청사기	32 창덕궁	33 장석과 자물쇠	34 종묘와 사직
35 비원	36 옛책	37 고분	38 서양 고지도와 한국	39 단청
102 창경궁	103 한국의 누	104 조선 백자	107 한국의 궁궐	108 덕수궁
109 한국의 성곽	113 한국의 서원	116 토우	122 옛기와	125 고분 유물
136 석등	147 민화	152 북한산성	164 풍속화(하나)	167 궁중 유물(하나)
168 궁중 유물(둘)	176 전통 과학 건축	177 풍속화(둘)	198 옛 궁궐 그림	200 고려 청자
216 산신도	219 경복궁	222 서원 건축	225 한국의 암각화	226 우리 옛 도자기
227 옛 전돌	229 우리 옛 질그릇	232 소쇄원	235 한국의 향교	239 청동기 문화
243 한국의 황제	245 한국의 읍성	248 전통 장신구	250 전통 남자 장신구	258 별전
259 나전공예				

불교 문화(분류번호:103)

40 불상	41 사원 건축	42 범종	43 석불	44 옛절터
45 경주 남산(하나)	46 경주 남산(둘)	47 석탑	48 사리구	49 요사채
50 불화	51 괘불	52 신장상	53 보살상	54 사경
55 불교 목공예	56 부도	57 불화 그리기	58 고승 진영	59 미륵불
101 마애불	110 통도사	117 영산재	119 지옥도	123 산사의 하루
124 반가사유상	127 불국사	132 금동불	135 만다라	145 해인사
150 송광사	154 범어사	155 대흥사	156 법주사	157 운주사
171 부석사	178 철불	180 불교 의식구	220 전탑	221 마곡사
230 갑사와 동학사	236 선암사	237 금산사	240 수덕사	241 화엄사
244 다비와 사리	249 선운사	255 한국의 가사	272 청평사	

음식 일반(분류번호:201)

60 전통 음식	61 팔도 음식	62 떡과 과자	63 겨울 음식	64 봄가을 음식
65 여름 음식	66 명절 음식	166 궁중음식과 서울음식		207 통과 의례 음식
214 제주도 음식	215 김치	253 장醬	273 밑반찬	

건강 식품(분류번호:202)

105 민간 요법 181 전통 건강 음료

즐거운 생활(분류번호:203)

67 다도 68 서예 69 도예 70 동양란 가꾸기 71 분재
72 수석 73 칵테일 74 인테리어 디자인 75 낚시 76 봄가을 한복
77 겨울 한복 78 여름 한복 79 집 꾸미기 80 방과 부엌 꾸미기 81 거실 꾸미기
82 색지 공예 83 신비의 우주 84 실내 원예 85 오디오 114 관상학
115 수상학 134 애견 기르기 138 한국 춘란 가꾸기 139 사진 입문 172 현대 무용 감상법
179 오페라 감상법 192 연극 감상법 193 발레 감상법 205 쪽물들이기 211 뮤지컬 감상법
213 풍경 사진 입문 223 서양 고전음악 감상법 251 와인(개정판) 254 전통주
269 커피 274 보석과 주얼리

건강 생활(분류번호:204)

86 요가 87 볼링 88 골프 89 생활 체조 90 5분 체조
91 기공 92 태극권 133 단전 호흡 162 택견 199 태권도
247 씨름 278 국궁

한국의 자연(분류번호:301)

93 집에서 기르는 야생화 94 약이 되는 야생초 95 약용 식물 96 한국의 동굴
97 한국의 텃새 98 한국의 철새 99 한강 100 한국의 곤충 118 고산 식물
126 한국의 호수 128 민물고기 137 야생 동물 141 북한산 142 지리산
143 한라산 144 설악산 151 한국의 토종개 153 강화도 173 속리산
174 울릉도 175 소나무 182 독도 183 오대산 184 한국의 자생란
186 계룡산 188 쉽게 구할 수 있는 염료 식물 189 한국의 외래·귀화 식물
190 백두산 197 화석 202 월출산 203 해양 생물 206 한국의 버섯
208 한국의 약수 212 주왕산 217 홍도와 흑산도 218 한국의 갯벌 224 한국의 나비
233 동강 234 대나무 238 한국의 샘물 246 백두고원 256 거문도와 백도
257 거제도 277 순천만

미술 일반(분류번호:401)

130 한국화 감상법 131 서양화 감상법 146 문자도 148 추상화 감상법 160 중국화 감상법
161 행위 예술 감상법 163 민화 그리기 170 설치 미술 감상법 185 판화 감상법
191 근대 수묵 채색화 감상법 194 옛 그림 감상법 196 근대 유화 감상법 204 무대 미술 감상법
228 서예 감상법 231 일본화 감상법 242 사군자 감상법 271 조각 감상법

역사(분류번호:501)

252 신문 260 부여 장정마을 261 연기 솔올마을 262 태안 개미목마을 263 아산 외암마을
264 보령 원산도 265 당진 합덕마을 266 금산 불이마을 267 논산 병사마을 268 홍성 독배마을
275 만화 276 전주한옥마을 281 태극기 282 고인돌